圓覺經

대방광원각수다라요의경

大方廣圓覺修多羅了義經

대방광원각수다라요의경

大方廣圓覺修多羅了義經

천명일 해설

지혜의나무

목차

내 안에 원각경圓覺經을 찾아서

내 안에서 찾는 원각경圓覺經이란 말씀은 경문의 뜻(無量義)을 내 안에서 찾는다는 말씀입니다.

지금 우리들 마음의 밑바탕에는 분명히 묘각의 빛 각성覺性이 있습니다. 그 묘각의 빛 각성을 내 안에서 느끼고 깨달아야 합니다.

그 각성을 쉬운 우리말로는 '뜻'이라고 합니다.

그 언어 문자의 뜻을 표기한 문자가 둘이 있습니다. 그 문자는 의미를 뜻하는 '뜻 의意' 자와 각성을 뜻하는 '옳을 의義' 자입니다.

『열반경』「문자품」에서도 세존께서 말씀하시기를

모든 언어와 문자는 삼세제불이 만든 것이고, 그 뜻은 모두 여래장如來藏이라고 하셨습니다.

그러므로 무량한 의미를 표기한 뜻 의意 자와 무량한 깨달음을 뜻하는 옳을 의義 자부터 잘 알고 있어야 합니다.

이를 위해서는 우선 회의문자會意文字로 설명이 잘 되어 있는 한문의 뜻 의意 자와 무량의無量義를 표기한 옳을 의義 자를 일단 파자로 풀어서 이해를 돕겠습니다.

의意 자를 파자로 풀면 '立, 曰, 心'이 됩니다. 무슨 의미인가? 식심識心으로 성립이 된 의미를 뜻하는 뜻 의意 자가 됩니다.

그런데 보다 심심미묘한 무량의無量義를 뜻하고 있는 옳을 의義 자를 파자로 풀어 보면 '八, 王, 我'가 됩니다. 무엇이 '八' '王' '我'인가?

곧 팔해탈로 무량한 복福과 무량한 덕德과 무량한 지혜智慧와 무량한 신통神通을 성취하신 무상법왕無上

法王의 상常·낙樂·아我·정淨을 뜻하고 있는 의義 자입니다.

그러면 무상법왕이 성취한 팔해탈의 상락아정常樂我淨이란 무슨 뜻인가?

첫째 생멸生滅을 여읜 영생의 상常과

둘째 호오好惡를 여읜 영원한 낙樂과

셋째 자타自他를 여읜 참 나인 아我와

넷째 청탁淸濁을 여읜 청정의 정淨입니다.

이것이 팔해탈이고 저 팔해탈로 일어난 상락아정은 우리말로는 사랑, 평화, 자유, 행복입니다.

이와 같은 무량의無量義의 뜻으로 넘치는 원각경을 최대한 쉬운 우리말로 해설해 보렵니다.

원문을 그대로 진언처럼 외워도 좋습니다. 하지만 아무리 좋은 묘약이라도 그 약을 내가 제대로 먹어서 소화를 못 시킨다면 병이 어떻게 낫겠습니까? 이와 마찬가지로 경문이 아무리 좋아도 내가 그 뜻(義)을 내 안에서 제대로 소화시키지 못한다면 어느 세월에 깨달음이 일어나겠습니까?

그러므로 누구나 경전의 뜻을 쉽게 이해할 수 있도록 쉬운 우리말로 풀어 놓겠습니다.

그리고 이 원각경 서문에서 만법의 창조주요 만생의 구세주인 마음의 생원설을 밝혀 두겠습니다.

왜냐하면 지금 우리들이 쓰고 있는 이 마음이 도대체 어디로부터 어떻게 해서 존재하게 되었을까? 하는 마음의 생기설을 모르고는 아무것도 안다고 할 것이 없기 때문입니다.

그러면서도 무엇을 깨달았다는 신이나 도인들이 수두룩했습니다. 이런 무지들은 온 인류의 무지로 다 용서가 됩니다. 안심들 하세요.

세존께서는 『수능엄경』에서 마음의 생원에 대해 잘 귀띔해 두셨습니다.

고금을 통하여 내로란 성인도 제 스스로 보는 눈을 돌이켜보지 못했습니다. 보지도 못하면서 왜 나는 보는 내 눈을 스스로 돌이켜보지 못할까 하고 생각 한

번도 못 해보고 다 죽었습니다.

제 눈이 눈을 보지 못한다는 사실조차도 까맣게 모르고서 그분들이 스스로 쓰고 있는 마음을 돌이켜보았겠습니까?

바로 이것이 온 인류 무지의 불가사의입니다. 이 불가사의의 수수께끼를 여기 서문에서 잘 밝혀 두겠습니다.

그 수수께끼는 '마음摩陰'의 생원설입니다.

마음의 생원설이란, 과연 지금 우리가 쓰고 있는 이 마음이 어디로부터 어떻게 해서 생기게 되었을까 하는 심각한 문제입니다.

필자는 경 중에서도 가장 어렵고 난해하기로 소문난 『수능엄경』을 우리말로 쉽게 해설해 놓았습니다. 그 과정에서 마음의 모태가 되고 있는 마음의 고향을 발견했습니다.

마음의 모태 고향은 곧 묘각의 빛 각성입니다. 물론 『수능엄경』에 있는 내용들을 의미 유추한 가설입니다. 비록 의미를 유추한 가설이라 하더라도 지금 밝히고자 하는 마음이 생기게 된 그 까닭만은 누구나 당연히 알고 있어야 합니다.

왜냐하면 제 자신이 항상 쓰고 있기 때문입니다. 그러므로 마음의 고향 얘기부터 밝혀 두겠습니다. 마음의 고향 얘기란 마음의 뿌리가 되고 있는 마음의 생원설입니다. 그리고 마음의 생원설이란 마음이 어떻게 해서 생기게 되었을까? 하는 의문에 대한 설명입니다.

바로 그 답부터 드리면, 청정 묘각의 빛 각성의 여명이 마음입니다. 묘각의 빛 각성의 허물로 지금 우리들이 쓰고 있는 허망한 마음이 생기게 되었습니다.

바로 그 허망한 허물은, 묘각妙覺은 명묘明妙하고 그 빛인 각성覺性은 묘명妙明하게 밝기 때문에 오히려 그 밝음이 허물이 되어서 지금 우리들이 쓰고 있는 허망한 마음이 생기게 되었다고 합니다.

세존은 『수능엄경』에서 묘각의 저 밝음이 오히려 허물이 되어서 허망하게 무명이란 마음이 생기게 되었음을 심히 안타까워하셨습니다.

그렇다면 저 묘각의 빛 각성의 여명이 도대체 어떻게 해서 생기게 되었을까?

그 의문의 고리를 지금 여기서 풀고 넘어가야 합니다. 각성의 여명이 곧 마음이기 때문입니다.

필자는 마음의 생원을 『수능엄경』에서 발견하고 이를 세상 사람들에게 알리기 위해서 구처 없이 의미 유추의 논리학을 빌리고 있습니다.

그 의미 유추의 논리학이란 자연의 현상을 보고 진리를 깨닫는 지혜를 말합니다. 이를 자연지自然智라 합니다. 저 자연自然의 지혜를 빌리지 않고서는 마음의 생원에 관한 한 마음의 불가사의를 설명할 도리가 없었습니다.

필자가 지금 빌리고 있는 자연지는 이런 것입니다. 대명한 태양이 서산으로 넘어간 뒤에 곧 일어나는 저녁노을입니다. 그 노을이 일어나면 한시적으로는 황홀하게 환합니다. 그러다가 서서히 어둑해집니다. 어둑하다가 마침내 캄캄해집니다.

이렇게 저녁노을이 세 가지 차원으로 변화해 가는 현상과 같은 이치로 묘각의 빛 각성의 여명도 삼단계로 서서히 변이가 되었습니다.

다시 말씀을 드리면 저 태양의 여명인 노을이나 묘각의 빛 각성의 여명도 삼단계로 서서히 변이가 되면서 허망하게 세 가지 속성이 생기게 되었습니다.

그 허망한 마음의 속성 세 개란, 한시적으로 환한 상태는 잠깬 상태의 밝은 의식계(意識)입니다. 그리고 서서히 어둑한 상태는 교감·부교감 작용을 하는 잠재의식계(潛在意識)입니다. 마침내 어두워집니다. 어두운 현상은 곧 잠든 상태와 같은 무의식계(無意識)입니다.

아, 보라. 이렇게 저녁노을과 같이 각성의 여명으로 생긴 마음이 고요해지면 저 무변 허공계가 되었습니다. 그리고 저 마음의 속성 세 개가 동반이합을 하는 별난 정반합正反合 운동으로 말미암아 세계와 중생계가 창조되었습니다.

그 별난 행위는 마음의 속성인 양성의 의식과 음성의 무의식을 중간자와 같은 잠재의식이 간접 작용을 함으로써 같은 것은 밀어내고 다른 것을 잡아당기는 자기장의 행위를 말합니다. 이 행위로 말미암아 필경 공적한 각성覺性을 자극함으로 해서 번갯불 같은 식심識心이 일어나게 되었습니다.

그 식심의 행위가 열두 단계로 돌연변이를 일으키는 바람에 뭇 생명이 태胎·란卵·습濕·화化로 생겨나서는 생로병사生老病死를 세월없이 굴리는 육도 중생이 되었습니다.

바로 이 이치가 불법에서 묘법이라 이름하는 12연기법緣起法이 되고 있습니다.

또한 마음의 속성 세 개가 공간인 사방四方과 시간인 삼세三世 속으로 뒹굴면서 태란습화胎卵濕化로 생겨나는 12류 중생이 시방세계에 두루 하게 되었습니다.

바로 이 12류 중생의 생태학을 동양 철학에서는 12지지地支라 해서 열두 축생의 이름으로 기록하고 있습니다. 그 축생의 이름을 쥐(子)·소(丑)·호랑이(寅)·토끼(卯)·용(辰)·뱀(巳)·말(午)·양(未)·원숭이(申)·닭(酉)·개(戌)·돼지(亥)라 합니다.

석가세존은 이와 같은 마음의 불가사의 성불을 하시고 불지견으로 환히 다 보시고는 다음과 같은 대각의 오도송을 읊으시었습니다.

약인욕료지若人欲了知

삼세일체불三世一切佛

응관법계성應觀法界成

일체유심조一切唯心造

"만약 어떤 사람이 삼세의 일체 부처님과 저 무변 허공계에 존재하고 있는 세계와 중생계가 과연 어떻게 해서 생기게 되었을까? 하는 그 까닭을 알고자 한다면 일체가 다 마음으로 창조되었음을 보리라."

이 법어는 『화엄경』에 있습니다.

그러므로 저 마음摩陰은 묘각의 빛 각성의 큰 그늘로 생겼다는 뜻으로 '클 마摩' 자에다가 '그늘 음陰' 자를 써서 문자로 마음摩陰이라 적고, 이를 '마음'이라 부르게 되었습니다.

여기서 반드시 바로잡아야 할 상식이 또 있습니다.

그것이 무엇이냐 하면, 우리가 쉽게 동일시하는 마음摩陰과 심心입니다. 모두들 마음摩陰과 심心을 같은 동질의 것으로 알고 있습니다. 하지만 마음摩陰과 심心은 성리와 생리가 다릅니다.

어떻게 다른가 하면, 마음摩陰은 바다이고 그 바다의 파도에서 튕겨 나온 물방울 하나가 우리가 일상에서 쓰고 있는 심心입니다.

그렇다면 마음과 심은 과연 어떻게 같고 어떻게 다른가를 살펴봅시다.

마음에는 세 개의 속성이 있다고 앞에서도 얘기를 했습니다. 그 마음의 속성 세 개가 광속성 나선형 블

랙홀(오르가슴)을 타고 3321의 우주 원소를 둘둘 말아서 절구통 같은 육체를 만든 육체의 음부陰部 회음會陰이란 자궁子宮으로 일단 몰입이 됩니다.

저 마음의 속성 세 가닥이 오르가슴의 블랙홀을 타고 광속성 나선형으로 뒤틀리면서 회음으로 몰입이 될 때에 의식意識, 잠재의식潛在意識, 무의식無意識이 서로 실타래처럼 꼬이면서 세 가닥의 각성의 터널이 됩니다. 이 각성의 터널을 고전침구학에서는 삼맥三脉이라 합니다.

저 삼맥三脉이 생길 때를 보면 흡사 솜털을 말아서 실을 뽑듯이 만유를 창조했으므로 만유는 모두가 섬유소로 성립이 되어 있습니다. 심지어 극미의 입자粒子까지도 모두가 실 같은 섬유소로 뭉쳐져 있습니다.

저 회음에서 일어난 그 삼맥은 다름 아닌 깨닫고 아는 각성의 터널입니다. 그 각성의 터널로 일체중생들이 정신활동을 합니다.

일체 행위를 하는 그 각성의 터널 삼맥은 척추신경

계脊椎神經系인 독맥督脉과 복중 상하로 유주를 하는 각성의 터널인 자율신경계自律神經系인 임맥任脉과 배꼽을 중심한 전후 상하방으로 감쳐서 도는 각성의 터널 교감·부교감신경계交感·副交感神經系인 대맥帶脉입니다.

저 각성의 터널 삼맥이 또 좌우로 상보相補 상극相剋 상생相生을 하는 상보법칙相補法則으로 말미암아 몸의 좌우로 분리가 되면서 삼맥三脉은 곧 정신 활동을 하는 육경六經이 됩니다.

그 육경六經이 다시 광속성 나선형으로 도는 화이트홀을 타고 상하반신으로 서로 교감이 되면서 전신을 휘감아 12락絡이라 이름 하는 12신경계神經系가 되었습니다. 저 12신경계가 서로 휘감겨 돌면서 또 두부로 상행을 합니다. 상행을 해서는 천궁을 닮은 저 두부의 뇌 속에다가 십조 구만 오천 사십팔 개의 빛나는 각성의 화이트홀을 만들어 내었습니다.

그 각성의 화이트홀의 불가사의로 말미암아 성불하신 부처님들은 두부에 항상 밝은 원광의 광배光背

가 있고 미간 백호와 전신의 모공은 제불세계를 두루 다 비추는 대광명장이 되어 있습니다.

저 각성의 화이트홀이 또 안면에다가는 여섯 개의 깨닫고 아는 각성覺性의 토굴을 뚫어 놓았습니다. 그 여섯 개의 토굴 안에는 깨닫고 아는 각성의 시녀 장식 藏識이 머물면서 육체의 안팎으로 받아들인 일체의 정 보를 밝게 깨닫고 아는 식심識心이 일어났습니다.

그 여섯 개의 장식藏識이 깃든 토굴의 이름을 '육근 六根'이라 하고, 그 여섯 개의 감관을 안眼·이耳·비鼻· 설舌·신身·의意라 합니다.

또 그 육근六根에 두루 다 깨닫고 아는 장식藏識의 시녀인 생각하는 식심識心이 깃들면서 안팎으로 받아 들인 무량한 사념 망상을 깨닫고 아는 '심心'이 되었 습니다.

아, 보라. 각성의 구름인 마음摩陰과 마음의 파편인 식심識心은 이렇게 해서 세월없이 무량한 망상을 피 우고 있습니다.

필자가 생을 두고 마음의 생원설을 펴 온 큰 목적은 마음의 밑바탕에는 누구나 다 묘각의 빛 각성이 밝게 깨어 있다는 진실을 밝히고자 함에 있습니다. 중생은 뉘라 할 것 없이 저 묘각의 빛 각성을 신심의 밑바탕에다가 다 깔고 식심을 굴리고 있습니다. 그런데도 모두 까맣게 모릅니다.

이 모양으로 까맣게 모르는 그 까닭은 중생의 지락은 성 행위로 일어나는 오르가슴이 있기 때문입니다.

저 오르가슴이 한 번 일어날 때에는 밝고 맑은 만선 만덕의 복덕성이 홀랑 다 타버립니다.

그러므로 오르가슴을 즐기는 중생들은 만악을 저지르고 삽니다. 성희가 심하면 예사로 살인도 합니다. 그러므로 맑은 정신은 항상 먹장 같습니다. 정신이 먹장 같으므로 당연히 알 것도 까맣게 알지 못합니다.

이 모양으로 제 눈이 제 스스로 보는 눈을 보지 못하듯 자신의 몸과 마음을 두루 다 깨닫고 두루 다 아는 묘각의 빛 소중한 각성을 까맣게 모르는 비참한 중생이 되고 말았습니다.

뭇 종교가 찾는 신과 불교의 선종에서 찾는 선정으로 일어나는 각성의 지혜는 저 무변 허공계를 두루 다 머금고 있습니다. 그러므로 어디 가서 깨달음을 찾고 말고 할 성질이 못 됩니다.

그리고 또 여기서 경문에 무수히 나오는 중생 전도衆生顚倒에 대해서 도움 말씀을 드리고 경문으로 들어가겠습니다.

전도顚倒란 '앞으로 거꾸러졌다'란 뜻입니다.

그러면 무엇이 어떻게 거꾸러졌다는 말씀일까요?

눈(眼)은 빛이 있으면 보고 빛이 없으면 못 봅니다. 하지만 실제로 본각의 각성은 저 무변 허공계를 두루 다 머금고 있기 때문에 시각視覺의 각성은 시방세계를 두루 다 머금고 있습니다. 그러므로 보는 시각視覺의 각성覺性을 돌이켜 의식하면 자연히 시방세계가 활짝 열리면서 깨달음이라 이름 하는 각성의 빛 속으로 몰입이 됩니다.

그런데 앞에 드러나 보이는 시각신경의 분별심 쪽으로만 미친 듯이 내닫습니다.

또 귀(耳)의 청각聽覺은 본래로 소리가 있고 없음을 두루 다 듣습니다. 그러므로 청각의 각성을 돌이켜 의식하게 되면 법계에 두루 다 통하는 이근원통耳根圓通이 활짝 열려서 관세음보살님처럼 됩니다.

그런데 두루 다 듣는 청각의 각성을 등지고 밖으로 들리는 소리 쪽으로만 미친듯이 내닫습니다.

또 코의 후각嗅覺의 각성은 시방세계를 두루 다 머금고 있습니다. 그러므로 후각의 각성을 돌이켜 의식을 하게 되면 시방세계를 후각으로도 두루 다 보고 두루 다 압니다.

그런데 숨 쉬는 후각신경이 간섭을 하는 숨이 막히고 숨이 통하는 통색通塞과 냄새가 있고 없음을 아는 후각신경의 식심을 따라 미친듯이 앞으로만 내닫습니다.

또 혀(舌)로 말하고 맛보는 미각味覺의 각성은 본래로 시방세계를 두루 다 머금고 있습니다. 그러므로 미각味覺의 각성을 의식하다가 각성세계로 홀연히 몰입이 되면 자연히 각성세계가 활짝 열립니다.

그런데 맛보고 말하는 미각의 식심 쪽으로만 미치게 내닫습니다.

몸(身)의 체각體覺도 또한 한가지입니다.

체각의 각성은 본래로 시방세계를 두루 다 머금고 있습니다. 그러므로 체각의 각성을 돌이켜 의식만 하다가 홀연히 체각의 각성세계로 몰입이 되고 나면 시방세계가 자신의 한 몸이 됩니다. 그런데 체각신경의 감각을 분별하는 식심을 따라 미친 듯이 앞으로만 망상을 굴립니다.

또 생각하는 의각意覺도 한가지입니다.

의식意識하는 지각성知覺性을 주시하는 미륵보살의 유심식정唯心識定을 닦으면 의식을 깨달은 각성覺性을 돌이켜 주시하므로 자연히 시방세계가 활짝 열리면서 각성의 빛 속으로 들어가므로 마음 없음의 벽지불이 됩니다.

그런데 공연히 부질없이 생멸하는 식심 쪽으로만 미친듯이 사념망상을 굴리고 있습니다.

이 모양으로 망상 따라 엎어지고 자빠지는 의식 전도의 행위를 통칭 전도몽상顚倒夢想이라 했습니다.

그러므로 저 대승경전에 보면 제불세계에서 오신 대보살마하살님들이 세존께 안부를 올리시는 대문에서 '저 중생들이 오감을 안으로 끌어들입니까?' 하는 뜻으로 꼭 "저 중생들이 섭오정攝五情을 하옵니까?" 하고 묻습니다.

저 중생의 의식 전도로 말미암아 기구한 운명들이 너무나 안타까워서 하신 말씀입니다.

그리고 또 원각경 서문에서 꼭 밝히고 넘어가야 할 법어가 또 있습니다.

청정淸淨이란 법어法語입니다.

청정淸淨의 오묘한 뜻을 현대물리학으로 이해를 돕

겠습니다.

물질의 극미 단위를 입자粒子라 합니다. 세존은 입자를 허공의 비늘이란 뜻으로 인허진鱗虛塵이라 하셨습니다. 그 입자粒子는 1㎜의 십조 분의 일을 말합니다. 그 입자 분의 -18승에는 마음이 있습니다. 이를 청정심淸淨心이라 합니다. 그리고 저 심자 분의 -21승에는 묘각妙覺인 무여열반無餘涅槃이 있습니다.

그러므로 청정묘각淸淨妙覺은 심자 분의 -21승을 뜻하고 있습니다.

독자님들은 서문을 잘 참고로 하시면서 원각경으로 필자와 같이 들어가 봅시다.

말하는 동산(說園)

천명일 합장

대방광원각수다라요의경

大方廣圓覺修多羅了義經

다방면으로 두루 널리 다 깨닫고 두루 다 아는

원각圓覺으로 수행을 해 들어가는 구경의 뜻 경

대방광원각수다라요의경
大方廣圓覺修多羅了義經

여래로부터 나는 이와 같이 들었습니다.

한때에 사람의 몸을 가지시고 이 세상에 나오신 석가세존 바가바께서 곧바로 신통대광명장 삼매로 드셨습니다. 그 신통대광명장은 묘각의 빛으로 장엄이 된 광명장입니다.

그러므로 일체 제불이 모두 함께 빛으로 장엄한 대광명장에 머물고 계셨습니다. 이 광명장은 일체 중생들도 다 스스로 깨닫고 다 아는 근본 바탕이 되고 있는 묘각의 땅입니다. 묘각의 땅은 심신이 적멸하여 일체가 평등한 본래의 자리입니다.

깨달음의 근본 자리로 시방에 두루 가득하므로 여기는 하나도 둘도 아닌 아무것도 없음을 따르는 곳입니다. 그 하나도 둘도 아닌 경지에서 지금 세존께서 정토를 나투시었습니다.

그리고 지금 여기 이 정토에는 십만의 대 보살 마하살도 함께 머물고 있었습니다. 그 이름은 문수사리보살文殊舍利菩薩과 보현보살普賢菩薩과 보안보살普眼菩薩과 금강장보살金剛藏菩薩과 미륵보살彌勒菩薩과 청정혜보살淸淨慧菩薩과 위덕자재보살威德自在菩薩과 변음보살辯音菩薩과 정제업장보살淨諸業障菩薩과 보각보살普覺菩薩과 원각보살圓覺菩薩과 현선수보살賢善首菩薩 등이 모임의 대중 가운데 상수가 되어 있었습니다.

저 보살들은 여래와 같이 평등한 신통대광명장 삼매에 머물러 계시면서 함께 법회를 이루고 있었습니다.

제1 문수보살장
第一 文殊菩薩章

　그때에 문수보살이 대중들과 함께 광명장삼매에 　1
머물고 계시다가 곧 앉은 자리로부터 일어나서 부
처님의 발에 이마를 대고 절을 올렸습니다. 그리고
는 오른쪽으로 거듭 세 번을 도시고는 길게 꿇어앉
아 양 손가락으로 깍지를 끼시고 부처님께 여쭈었
습니다.

　"대비하신 세존이시여, 제가 세존께 말씀드리고 　2
자 하는 바가 있습니다. 여기 모임에 앉아 있는 법
회대중을 위하여 말씀하여 주십시오.

여래께서는 처음으로 수행을 하실 때에 수행하는 근본 마음을 어디에다가 두시고 수행을 하셨습니까?

저 맑고도 깨끗한 마음의 근본 자리인 인지심因地心을 어디에 두시고 어떻게 수행하셨는가에 대한 인지법행因地法行을 설하여 주십시오.

또한 저 보살들이 마음을 깨끗이 소멸시키는 수행 가운데에 생겨날 수 있는 모든 마음의 병을 멀리 여의도록 설하여 주십시오.

그리고 또 미래의 말세 중생들 중에서 무명인 마음을 가지고 도를 닦는 오도悟道가 아닌 제불의 묘각妙覺을 구하는 저 대승자들로 하여금 절대로 나쁜 사견에 떨어지는 수행을 하지 않게 하여 주십시오."

이 말을 마치고 오체를 땅에 던지면서 이렇게 세 번 청하고는 간절한 마음으로 부처님의 말씀을 기다렸습니다.

그때에 세존께서 문수사리보살에게 말씀을 하셨
습니다.

"착하고 착하도다. 선남자야, 너희들이 지금 모든 보살과 말세 중생을 위해서 나 여래가 처음 발심해서 깨달음을 구할 적에 마음의 근본을 어디에다가 두고 어떻게 법다운 수행을 했느냐 하는 인지법행因地法行을 물었구나.

저 모든 보살들이 본 묘각을 성취하고자 하는 대승 중에서 오음의 마음을 말끔히 소멸시키어 청정심을 일어나게 하고, 또한 저 말세 중생들 중에서도 두루 다 깨닫고 두루 다 아는 원각을 구하는 대승들도 지금 여래가 처음 발심을 해서 청정한 묘각의 자리에서 수행을 한 인지법행을 듣게 된다면 모두가 바른 지견을 가지게 될 것이므로 사견에 떨어지는 일이 없을 것이다. 마땅히 내가 너희들을 위하여 설하리니 너는 자세히 들어라."

그때에 문수사리보살은 환희한 마음으로 대중들과 함께 부처님의 가르침을 조용히 기다렸습니다.

4 　"선남자야, 위없는 법왕에게는 일체 만법이 일어나는 거룩한 대다라니문이 있다. 그 다라니문의 이름은 두루 다 깨닫고 두루 다 안다는 뜻을 가진 원각圓覺이라고 이름 한다.

저 두루 다 깨닫고 두루 다 아는 원각圓覺은 한결같이 맑고 깨끗한 진여眞如와 깨닫는 보리菩提와 어떠한 상도 없는 무상의 열반涅槃과 다양하게 수행을 하는 바라밀波羅蜜이 모두 다 여기 이 원각圓覺으로부터 흘러 나와서 일체 보살들을 가르친다.

그러므로 모든 여래는 근본 바탕이 되고 있는 원각을 근본 바탕 본인지本因地로 해서 수행을 했다.

일체를 두루 다 깨닫고 두루 다 아는 청정한 원각의 빛 각성이 일체의 현상을 두루 다 드러내어 보이는 원각성을 의지해서 영원히 무명을 끊고 마침내 성불을 했다.

무엇을 무명이라 하는가?　　　　　　　　5

선남자야, 일체중생이 비롯함이 없는 때로부터 원각의 거울에 비추어진 그림자만을 따르고 저 그림자를 비추고 있는 원각의 거울은 생각지도 못한다. 다만 육감에 반연된 앞의 그림자 쪽으로만 생각이 전도顚倒되어 왔다.

비유하면 마치 미혹된 사람이 동서 사방을 뒤바뀌게 잘못 알고 있듯이 사대로 된 몸을 자기 자신으로 잘못 알고 두루 다 깨닫는 각성을 돌이켜 보지를 못한다.

또한 육근에 반연된 육식인 식심을 가지고 자기의 참 마음으로 잘못 알고 있다. 그러므로 자신의 마음을 두루 다 아는 원각의 각성覺性을 전연 의식치도 못한다.

비유하면 저 병든 눈으로 허공의 헛꽃을 보듯 하

고 참 달을 보다가 눈이 피로해지면 참 달 곁에 반
연된 두 번째의 달을 보는 것과 같아서 실제의 달
을 제대로 보지 못하는 것과 같다."

6   선남자야, 허공에는 실로 꽃이 없는데 눈병이 난
사람이 허망하게 꽃이 있다고 집착을 한 것뿐이다.
이렇게 허망하게 집착함으로 말미암아 본래부터
맑고 깨끗한 허공의 본 성품까지도 혼미스럽게 할
뿐만 아니라 또한 실제로 피고 지는 생물인 사실의
꽃조차도 참인지 거짓인지 혼미스럽게 된다.
    이러한 까닭으로 중생들은 허망한 생사에 윤회
하게 되었다. 이런 허망들을 무명이라 부른다.

7   선남자야, 무명이란 것이 실제로 근본이 있는 것
은 아니다. 마치 꿈을 꾸던 사람이 꿈을 꿀 때에는
없지 않다가 꿈을 깨고 나면 마침내 꿈 자체를 얻
어 볼 수가 없는 것과 같고, 또 허공에 헛꽃이 허공

에서 사라졌지만 실제로 없어진 곳이 허공의 어디라고 꼭 지정하여 말하지 못하는 것과 같다. 왜냐하면 생겨난 곳이 본래로 없었기 때문이다.

일체중생도 생겨난 곳이 본래로 없다. 생멸이 없는 가운데서 허망하게 생멸을 했을 뿐이다. 이러한 까닭으로 허망한 생사에 윤회를 한다고 말하느니라.

선남자야, 여래 묘각의 각성을 밑바탕(因地)에 깔고 두루 다 깨닫고 두루 다 아는 원각圓覺의 거울로 비추어 보는 자는 일체법이 곧 허공의 헛꽃인 줄을 분명히 알 것이다. 알면 곧 윤회하는 윤전이 없게 된다.

또한 저 생사를 받을 몸과 마음이란 이것이 허공의 헛꽃과 같아서 무엇을 어떻게 조작해서 얻어지는 것이 아니다. 허망한 본성은 본래로 없기 때문이니라.

9   저 무엇을 깨닫고 아는 지각 자체도 마치 허공과 같아서 허공인 줄로 아는 지각도 역시 텅 빈 환상이다. 그렇다고 해서 실로 깨닫고 아는 각성이 없다고는 말할 수가 없다.

그래서 있다 없다 하는 이것을 모두 다 털어버리고 저 본래로 맑고 청정한 밝은 각성 쪽으로만 따라서 들어가라는 말이다.

10   왜냐하면 본각의 각성도 허공과 같은 성품으로 항상 부동하여서 각성이 머물고 있는 여래장 가운데는 일어나고 멸하는 것이 있을 수가 없기 때문이다.

저 여래장 가운데는 보고 아는 지견이 없는 까닭이며, 법계의 성품과 같아서 마침내 시방에 두루 원만하기 때문이다. 이렇게 묘각의 각성으로 일체를 비추어 보는 수행을 인지법행因地法行이라 한다.

11   보살은 저 청정한 원각으로 돌아가는 대승 가운

데서 맑고 깨끗한 마음을 내어 일체를 비추어 보는
인지법행을 수행해라.

그리고 말세 중생들도 여기 이 일체를 원각의 각
성으로 비추어 보는 인지법행을 의지해서 수행한
다면 절대로 사견에 떨어지지 아니하리라."

그때에 세존께서 거듭 이 뜻을 펴고자 게송으로 12
읊으시었습니다.

文殊汝當知 문 수 여 당 지	문수여 마땅히 알라
一切諸如來 일 체 제 여 래	일체 모든 여래는
從於本因地 종 어 본 인 지	원각을 바탕으로 해서
皆以智慧覺 개 이 지 혜 각	비추어 보는 지혜로 다 깨쳐서
了達於無明 요 달 어 무 명	무명을 다 요달했다
知彼如空華 지 피 여 공 화	저 모두가 헛꽃인 줄로 보니
卽能免流轉 즉 능 면 유 전	즉시에 유전을 벗어났다
又如夢中人 우 여 몽 중 인	흡사 꿈꾸던 사람이

醒時不可得 꿈 깨면 얻을 것 없듯이
성시불가득

覺者如虛空 각자도 허공 같아서
각자여허공

平等不動轉 한결같아 동전치를 않네
평등부동전

覺遍十方界 각성이 시방에 두루하니
각변시방계

卽得成佛道 곧 불도를 이루었도다
즉득성불도

衆幻滅無處 뭇 환상은 간 곳이 없고
중환멸무처

成道亦無得 성불도 역시 얻을 것 없네
성도역무득

本性圓滿故 본성은 두루 원만한 까닭이라
본성원만고

菩薩於此中 보살들도 이 가운데서
보살어차중

能發菩提心 충분히 보리심 내고
능발보리심

末世諸衆生 말세의 모든 중생도
말세제중생

修此免邪見 이렇게 닦으면 사견을 면하느니라
수차면사견

제2 보현보살장

第二 普賢菩薩章

그때에 보현보살이 대중 가운데 있다가 자리에 1
서 일어나 부처님 발에 정례를 하고 오른쪽으로 세
번을 돌고는 꿇어앉아 양 손가락으로 깍지를 끼시
고 부처님께 여쭈었습니다.

"대비하신 세존이시여, 원컨대 이 모임의 모든 2
보살들과 말세의 일체중생들 중에서 두루 다 깨닫
고 두루 다 아는 원각圓覺으로 들어가는 대승을 수
행하는 자를 위하여 그 수행하는 방편과 닦아 들어
가는 점차를 설명해 주십시오.

저 원각의 지극히 맑고 청정한 경계를 듣고서 어떻게 수행을 해야 합니까?

세존이시여, 만약 몸과 마음이 환상과 같은 줄을 아는 저 중생들의 생각도 또한 환상입니다. 그런데 그 환상의 생각을 가지고 어떻게 환상인 몸과 마음을 닦습니까?

만일 모든 환상의 성품이 일체 다 소멸하고 나면 곧 몸도 마음도 없을 것입니다.

그렇다면 나라고 하는 몸과 마음이 없는데 어떻게 환과 같은 몸과 마음을 소멸시키는 수행을 할 수가 있겠습니까?

그렇다고 저 중생들이 수행을 하지 않는다면 저 생사 가운데서 항상 환상의 헛꽃에 빠져서 살게 됩니다. 그렇게 되면 환상과 같은 생사의 윤회에서 벗어나지 못하게 됩니다.

이러니 중생들이 환상인 망상심을 가지고 어떻게 생사윤회에서 해탈할 수가 있겠습니까?

세존이시여, 원컨대 이 모임의 모든 보살들과 말세의 일체중생을 위하여 저 수행하는 방편과 닦아 들어가는 점차를 잘 설명해 주십시오.

어떤 방편을 가지고 점점 수습해야만 모든 중생들이 모든 환심을 영원히 여의게 되겠습니까? 바라옵건대 이 모임의 모든 보살들과 말세의 일체중생을 위해서 수행할 수 있는 방편과 그 점차를 설명해 주십시오. 무슨 방편을 가지고 점차로 수습해야만 모든 중생으로 하여금 영원히 모든 환을 여의게 하겠습니까?"

이 말을 마치고 오체를 땅에 던지면서 이렇게 세 번 청하고 간절한 마음으로 세존의 말씀을 기다렸습니다.

그때에 세존께서 보현보살에게 말씀하셨습니다. 3

"착하고 착하도다. 선남자야, 너희들이 지금 모든 보살과 말세 중생을 위해서 보살이 일체를 환상과 같이 보는 여환삼매如幻三昧를 익혀서 수행하는 방편과 점차에 대해서 좋은 질문을 하였구나. 저 중생들로 하여금 모든 환을 잘 여의게 하는구나. 마땅히 너희들을 위하여 설명하리니 이제 자세히 들어라."

그때에 보현보살이 가르침을 받들고 환희한 마음으로 대중들과 함께 조용히 들었습니다.

4 "선남자야, 일체중생들이 인연 화합으로 생기는 일체의 환화幻化가 모두 여래의 두루 다 깨닫고 두루 다 아는 원각의 묘한 마음인 원각묘심圓覺妙心 가운데서 일어나고 있다.
   마치 허공에서 온갖 헛꽃이 나오는 것과 같은 이치다.
   비록 허공에서 일어난 헛꽃이지만 그 허공 가운

데서 헛꽃이 사라진다고 해도 본디 허공의 성품은 조금도 파괴되지 않고 그대로 있다.

이와 마찬가지로 두루 다 깨닫고 두루 다 아는 원각에서 일어난 환심이지만 그 환심들이 다 사라진다고 해도 두루 깨닫는 원각의 묘한 마음인 원각묘심圓覺妙心은 조금도 변함이 없다.

중생이 환을 가지고 환심을 소멸시켜서 모든 환이 다 사라졌다고 해도 두루 다 깨닫고 두루 다 아는 묘한 원각圓覺의 각성은 항상 그대로 있어서 부동이니라.

환심인 환을 의지해서 깨닫는 각覺을 설명한 것도 또한 이와 같은 이치다.

환상인 환심을 가지고 각覺이 있음을 설명해도 오히려 환을 여의지 못하고, 각覺이 없음을 설명해도 또한 환을 여의지는 못한다.

이러한 까닭으로 고리 돌듯 하는 그 환심이 다 사라진 것을 부동이라 한다.

5 선남자야, 일체 보살과 말세중생은 이러한 까닭으로 마땅히 일체의 환상과 같고 헛꽃과 같은 허망한 환이 생멸하는 모든 경계를 멀리 다 여의어야만 한다. 또한 멀리 여의려고 하는 원리심을 굳게 집착하는 마음도 같은 환심이므로 이 역시 멀리 여의여야 하고, 멀리 여의려고 하는 마음도 또한 환이 되므로 일체를 다 멀리 여의어야 한다.

이렇게 지우고 여의어서 더 이상 여읠 바가 아무것도 없을 때 곧 모든 환을 다 제거한 것이 된다.

비유하면 두 개의 나무토막을 가지고 서로 마찰을 시키면 마침내 불꽃이 일어난다. 불꽃이 나서 두 개의 나무토막이 다 타고 나면 탄 재가 날리고 연기마저 소멸하는 것과 같은 이치가 여환삼매如幻三昧이니라.

환으로써 환을 닦는 여환삼매로 모든 환이 다 사라졌다고 해서 모든 것이 다 멸해 버렸으므로 아무것도 없는 허무한 단멸에 들어간 것은 아니다. 마치 허공에 구름은 사라졌어도 허공은 그대로 있는 것처럼 몸과 마음이 다 소멸해 버려도 청정한 묘각의 원각성은 그대로 법계에 두루 해 있느니라.

선남자야, 환인 줄 알면 모든 것이 허공에 구름처럼 객관화가 되기 때문에 자연스럽게 모든 환을 여의게 된다. 그러므로 무슨 방편을 꼭 가질 필요도 사실은 없다. 6

모든 환심을 여의고 나면 남는 것은 곧 두루 다 깨닫고 두루 다 아는 각覺뿐이기 때문이다.

그래서 별도의 수행을 할 점차는 없다. 일체 보살과 말세중생이 이 가르침을 의지하여 수행하면 모든 환을 영원히 다 여의게 되느니라."

그때에 세존께서 거듭 이 뜻을 밝히고자 게송으로 읊으시었습니다. 7

普賢汝當知 보현아 마땅히 알라
보현여당지

一切諸衆生 일체 모든 중생의
일체제중생

無始幻無明 무시의 환인 무명은
무시환무명

皆從諸如來 모든 여래로부터
개종제여래

圓覺心建立 두루 깨닫는 마음에서 일어났다
원각심건립

猶如虛空華 비유하면 허공의 꽃은
유여허공화

依空而有相 허공을 의지해서 일어남 같아
의공이유상

空華若復滅 공화가 소멸이 된다고 해도
공화약부멸

虛空本不動 본래의 허공은 동함이 없다
허공본부동

幻從諸覺生 각으로 모든 환이 나왔으므로
환종제각생

幻滅覺圓滿 환이 멸한다 해도 각은 원만해
환멸각원만

覺心不動故 깨닫고 아는 각심은 부동한 까닭
각심부동고

若彼諸菩薩 만약에 저 모든 보살과
약피제보살

及末世衆生 더불어 말세의 중생들이
급말세중생

常應遠離幻 언제나 환을 멀리하여서
상응원리환

諸幻悉皆離 모든 환을 다 떠나고 나면
제환실개리

如木中生火 마치 나무 가운데 불이 나서
여목중생화

木盡火還滅 나무가 타고 나니 불 꺼짐 같아라
목 진 화 환 멸

覺則無漸次 깨달음에는 점차가 없어서
각 즉 무 점 차

方便亦如是 방편도 역시 그와 같아라
방 편 역 여 시

제3 보안보살장
第三 普眼菩薩章

　　그때에 보안보살이 대중 가운데 있다가 자리에　1
서 일어나 부처님 발에 정례를 하고 오른쪽으로 세
번을 돌고는 꿇어앉아 양 손가락으로 깍지를 끼시
고 부처님께 여쭈었습니다.

　　"대비하신 세존이시여, 원컨대 이 모임의 모든　2
보살과 일체중생을 위하여 보살들이 수행하는 점
차를 자세히 설명하여 주십시오.
　　어떻게 생각을 하고 어떻게 머물러 수행을 해야
옳겠습니까?

중생이 깨우치지 못한다면 무슨 방편을 가지고 두루 다 깨닫도록 해야 하겠습니까?

세존이시여, 만일 저 중생들이 올바른 방편과 바르게 보는 지견이 없으면 여래께서 원각으로 들어가는 삼매三昧를 닦는 설명을 들어도 미혹한 생각이 앞을 가려서 충분히 원각을 깨닫고 들어가지 못할 것입니다.

원컨대 자비를 베풀어 주시어서 저희들과 말세 중생을 위한 좋은 방편을 말씀하여 주십시오."

이 말을 마치고 오체를 땅에 던지면서 이렇게 세 번 청하기를 마치고 간절한 마음으로 부처님의 말씀을 기다렸습니다.

그때에 세존께서 보안보살에게 말씀하셨습니다.

3 "착하고 착하도다. 선남자야, 너희들이 지금 충

분히 모든 보살과 말세중생을 위하여 여래에게 원
각으로 수행해서 들어가는 점차와 어떤 마음을 굳
게 가지고 어떤 생각으로 사유를 하며, 또한 도량에
머물면서 수행하는 방편을 물었구나. 마땅히 너희
들을 위하여 설하리니 자세히 들어라.”

그때에 보안보살이 가르침을 받들고 환희한 마
음으로 대중들과 함께 조용히 들었습니다.

“선남자야, 저 새로 배우는 신학 보살과 말세 중 4
생이 여래의 청정 묘각인 깨끗한 원각심圓覺心을 구
하려면 마땅히 바른 생각으로 모든 환심을 멀리 여
의어야 한다.

먼저 일체를 환상으로 보는 여래의 환관幻觀인
사마타를 닦는 수행을 의지해야 한다. 무엇보다 절
대로 해서는 안 되는 금계를 굳게 지키면서 홀로
수행하는 독처를 피하고 반드시 대중과 함께 머무

는 장소에서 편안히 머물러서 수행해야 한다.

안처에서 편안한 자세로 연좌宴座를 할 때에는 항상 이렇게 생각을 지어야 한다.

'지금 내 이 몸은 사대四大가 화합된 것이다. 그러므로 이른바 몸에 있는 털과 손톱과 이빨과 가죽과 살(肉)과 힘줄과 뼈와 골수와 뇌와 때는 모두 지대地大라고 하는 흙으로 돌아가고, 가래침과 콧물과 고름과 피와 진액과 침과 땀과 눈물과 정액과 똥, 소변은 모두 수대水大라 하는 물로 돌아가고, 따뜻한 기운은 화대火大라 하는 불로 돌아가고, 움직이는 행위와 동념은 모두 풍대風大라고 하는 바람으로 돌아간다. 이렇게 사대四大가 각각 다 분리되고 나면 지금 내 몸이라고 하는 이 몸은 과연 어디에 있을까?'

마침내 알리라. 이 몸은 근본이 없음을 알 것이다. 다만 이 몸이란 것은 사대가 서로 화합해서 있게 된 현상일 뿐이다. 실은 모양이 없는 기체의 환상들이 모여서 생긴 환화幻化인 것이다. 저 지수화풍地水火風이란 사대가 서로 화합되어서 이루어진 몸일 뿐이다.

또한 이 몸에는 허망하게도 안이비설신의眼耳鼻舌身意라고 하는 감관인 육근六根이 생기게 되었다. 허망하게 생긴 육근이 안과 밖으로 받아들인 반연된 기운이 쌓이고 모여서 흡사 무엇이 있는 듯한 연기로 생긴 기운이 있게 되었다. 이를 이름 해서 심心이라 부른다.

선남자야, 만약 사대로 된 몸에 육진六塵인 육식이 없다면 저 허망한 심心이란 어디에도 있을 수가 없다. 그러므로 사대를 분해하고 나면 몸도 없고, 몸이 없다면 육근도 있을 수가 없고, 육근이 없다면 감관인 육진六塵이 있을 수가 없고, 또한 육진六塵이 없다면 식심識心이 있을 수가 없다.

이렇게 사대와 더불어 육근이 각각 분리되고 나면 마음은 어디에도 없다.

5   선남자야, 저 중생이 사대로 된 환신幻身이 분리되고 나면 육진도 분리가 되고, 육진이 분리되고 나면 허망한 환심幻心도 사라지고, 환심이 사라지고 나면 환처도 소멸된다.

이렇게 모든 환이 다 소멸되고 나면 마침내 환이 아닌 비환은 더 이상 멸할 수가 없다.

비유하면 거울을 닦고 닦아서 모든 때가 다 없어지고 나면 마침내 맑고 밝은 명경이 나타나는 것과 같다.

선남자야, 몸과 마음은 다 환영이고 더러운 때임을 알아야하며 더러운 때라는 상相조차 영원히 사라지면 시방이 청정해진다.

6   선남자야, 명경과 같은 비환은 저 청정한 마니보주란 구슬과 같아서 이 구슬이 사방으로 오색을 발하게 되면 어리석은 사람들은 저 마니보주 구슬에 실제로 오색이 있다고 보는 것과 같다.

이와 마찬가지로 중생들은 이 몸과 마음이 본래로 없었는데 실제로 있다고 고집을 한다.

선남자야, 원각의 청정한 성품이 중생의 신심을 두루 비추면 종성에 따라서 다양하게 반응을 한다.

그런데 어리석은 사람은 깨끗한 원각에 실제로 이와 같은 몸과 마음이 있다고 말을 한다. 저 어리석은 사람이 흡사 마니보주에 실제로 오색이 있다고 말하는 것과 같이 말이다.

이와 같이 일체중생이 환상으로 조작된 환화를 굳게 집착해서 멀리 여의지를 못한다. 그래서 지금 내가 몸과 마음이 모두 환상의 티끌인 환구幻垢라고 말하는 것이다.

그러므로 반연으로 생기는 모든 환상의 때를 다 여의면 보살이라 부른다. 그러므로 모든 것을 염착하는 식정의 때와 식심인 티끌을 다 여의고 나면 때(垢)라 티끌(塵)이라 이름 할 것이 아무것도 없게 된다.

7   선남자야, 저 보살과 말세 중생이 모든 것이 환이라는 것을 깨닫고 모든 환상을 다 없애고 나면 이때에 문득 무변 허공계가 끝도 없이 드러난다. 일체가 모두 청정하게 되므로 저 무변 허공계도 원각圓覺의 밝음의 빛에 환히 다 드러난다.

8   각覺이 본래로 두루 밝은 까닭으로 원각의 빛 각성의 여명으로 생긴 마음摩陰도 다 청정하게 되고, 마음이 청정한 까닭에 일체를 다 드러내어 보고 아는 견식見識도 청정해지고, 드러내어 보고 아는 견見이 청정한 고로 보고 깨닫는 안근眼根이 청정해지고, 시각인 안근이 청정한 까닭에 분별하는 안식眼識도 다 청정해진다. 안식眼識이 청정한 까닭에 듣고 아는 문식聞識도 청정하고 들음인 문식이 청정한 까닭에 청각인 이근耳根도 청정하며, 이근이 청정한 까닭에 듣고 분별해 아는 이식耳識도 청정하며 이식이 청정한 까닭에 깨닫고 아는 각진覺塵도

다 청정해진다. 이렇게 코·혀·몸·뜻도 또한 이와 같이 다 청정해진다.

선남자야, 깨닫고 아는 근본 각성覺性이 청정한 까닭에 물성인 색진色塵도 청정하며 색진이 청정한 까닭에 듣고 아는 청식聽識도 청정해진다. 이와 같이 냄새(香)·맛(味)·촉감(觸)·앎(法)도 다 그와 같이 청정해진다. 9

선남자야, 육식이 청정한 까닭에 지대地大가 청정하고, 지대가 청정한 까닭에 수대水大도 청정해지나니 이렇게 화대火大와 풍대風大도 또한 한결같이 청정해진다.

선남자야, 사대四大가 청정한 까닭에 육근으로 안과 밖을 깨닫고 아는 12처와 식심으로 분별하는 18계와 25유의 중생이 다 청정해진다. 저 모든 것들이 청정한 까닭에 십력十力과 사무소외四無所畏와 사무애지四無碍智와 불십팔불공법佛十八不共法과 삼십칠

조도품三十七助道品도 다 청정해진다.

　이렇게 다 청정하므로 팔만사천 다라니문이 모두 청정해진다.

10　선남자야, 일체 실상이 모두 아무것도 없는 무상으로 다 청정한 까닭에 한 몸이 청정하면 많은 몸이 다 청정해지고, 많은 몸이 다 청정한 까닭에 이와 같이 시방 중생들이 두루 다 깨닫고 두루 다 아는 원각圓覺이 다 청정해진다.

　선남자야, 한 세계가 청정한 까닭에 많은 세계가 청정하고, 많은 세계가 다 청정한 까닭에 이와 같이 저 무변 허공계와 삼세三世가 안팎으로 두루 다 평등해져서 조금도 움직임이 없느니라.

11　선남자야, 공간과 시간이 평등 부동하므로 이와 같이 깨닫고 아는 각성도 평등 부동한 줄을 마땅히 알아야 한다.

시공 속에 머물고 있는 사대가 부동하므로 깨닫고 아는 각성도 평등 부동함을 마땅히 알아야 한다.

이와 같이 내지 팔만사천 다라니문이 한결같이 다 평등 부동하므로 원각圓覺의 각성도 평등 부동하여서 변함이 없는 줄을 꼭 알아야 한다.

선남자야, 두루 원만한 원각의 각성이 무변 허공 12 계에 가득히 청정 부동하여서 그 끝이 어디서 어디까지라는 변제邊際가 있을 수 없다. 그러므로 중생의 육근이 법계에 두루 가득하고, 육근이 시방세계에 두루 가득하므로 육식인 육진도 법계에 두루 가득함을 마땅히 알아야 한다.

또한 육진이 두루 가득하므로 사대가 두루 가득하게 있음을 마땅히 알 것이다. 이와 같이 나아가 일체의 다라니문인 원각의 각성이 두루 법계에 가득하다.

선남자야, 저 묘각妙覺의 각성이 두루 가득하므

로 깨닫고 아는 육근의 성품인 근성根性과 의식하는 진성塵性이 서로 다른 것을 밀어내거나 같은 것을 서로 잡아당기어서 혼란스러운 뒤섞임이 없다.

비유하면 마치 백천 개의 등불이 한 방안을 비출 적에 저 수많은 등불의 그 밝은 빛은 한 방 안에 두루 가득하지만 백천만 개의 등불들이 내 것 네 것 하면서 서로 다른 것을 밀어내거나 같은 것을 잡아당기고 해서 난삽하게 서로 뒤섞임이 없는 것과 같다. 다만 두루 밝은 그 빛 속에서는 수천만 개의 등불을 찾아낼 수 없는 것과 같다.

13 선남자야, 보살은 이와 같은 원각圓覺을 성취하였으므로 진리라고 해서 그 진리(法)에 얽매이지도 않고 법이 아니라고 해서 그 법을 벗어 버리려고도 하지 않는다.

나고 죽는 생사를 싫어하지도 않고 열반이라고 해서 좋아하지도 않는다. 계율을 잘 지키는 이를 공경하지도 않고 계를 파한 파계자를 미워하지도 않는다. 오래 수행한 자를 존중하지도 않고 처음 배우는 초학이라고 해서 가볍게 보지도 않는다.

왜냐하면 일체를 두루 다 밝게 깨닫고 아는 근본 원각은 한결같이 평등하기 때문이다.

비유하면 밝은 눈으로 앞을 볼 때에 보는 눈의 안광이 두루 원만하므로 보는 안광에는 밉고 고운 증애가 없다. 두루 밝은 안광에는 증애란 두 가지 마음이 본래로 없기 때문이다.

선남자야, 보살과 말세 중생이 묘각의 여명으로 14 생긴 환심을 소멸시켜서 묘각을 성취하고 나면 수습할 마음도 성취할 그 무엇도 없다. 오로지 밝음이 명묘한 원각圓覺이 두루 널리 비추어서 그 명묘한 광명장 속에서는 텅 비고 고요한 적멸까지도 어디론가 다 소멸되어서 적멸寂滅이란 두 이름도 없는 무이無二일 뿐이다.

적멸까지도 증발해 버려서 둘도 없는 무이無二 중에서는 백천만억 아승지의 말할 수 없는 항하사와 같은 제불세계도 마치 허공에 헛꽃과 같다.

그렇다고 해서 적멸의 불이경으로 녹아 버린 것도 아니고 증발해 소멸되어 버린 것도 아니고 저 불이의 경지에 얽매이거나 벗어남도 아니다. 그러므로 중생도 본래로 성불이 된 상태이며 나고 죽는 생사와 영원불멸의 열반도 마치 어젯밤 꿈과 같은 줄을 원각圓覺을 성취하고 나면 비로소 알게 될 것이다.

15   선남자야, 생사와 열반이 어젯밤 꿈과 같으므로 마땅히 알라, 생사와 열반이 일어남도 없고 사라짐도 없으며 오는 것도 가는 것도 아니다. 그러므로 증득해서 얻을 법도 없으므로 잃을 것도 없고 취하고 버릴 것도 없다.

그러므로 묘각을 증득한 자는 무엇을 꼭 하겠다

고 하는 작作도 없고 무엇을 그만하겠다 하는 정지
(止)도 없고, 또한 어디에다가 모든 것을 다 맡기겠
다는 방임(任)도 없고, 그렇다고 일체를 다 소멸시
켜 버리겠다는 멸滅도 없다. 이렇게 무작無作, 무지
無止, 무임無任, 무멸無滅로서 저 네 가지 병이 없다.

이렇게 네 가지 병이 없는 원각圓覺을 증득한 자
는 근본적으로 자기라고 하는 주체자가 어디에도
없으므로 무엇을 제 마음대로 하는 능력도 없고 무
엇에 의지할 그 무엇도 없다. 다만 묘각妙覺의 빛 각
성覺性이 일체에 두루할 뿐 그 각성에는 생주이멸
로 무너지는 괴법壞法이 전연 없다.

선남자야, 저 모든 보살이 이와 같이 수행할 때에 16
반드시 여래의 말씀에 의지해서 점점 수행해 들어
가는 길잡이로 삼아야만 한다.

그러므로 여래의 말씀대로 생각하고, 여래가 말
씀한 그 뜻을 방편으로 삼아서 깨달음으로 들어가

면 여래와 같은 깨달음이 일어난다. 이와 같이 수행을 잘 하면 역시 혼미에 빠지는 일이 없을 것이니라."

17　그때에 세존께서 거듭 이 뜻을 밝히시려고 게송으로 읊으시었습니다.

普眼汝當知　보안이여 마땅히 알라
보 안 여 당 지

一切諸衆生　일체의 모든 중생이
일 체 제 중 생

身心皆如幻　신심이 모두 환상과 같다
신 심 개 여 환

身相屬四大　몸은 사대에 속해 있고
신 상 속 사 대

心性歸六塵　심성은 육진에 속해 있다
심 성 귀 육 진

四大體各離　사대가 각각 흩어지고 나면
사 대 체 각 리

誰爲和合者　나란 자가 어디에 있으랴
수 위 화 합 자

如是漸修行　이같이 점차로 수행해 들어가면
여 시 점 수 행

一切悉淸淨　일체가 다 청정해져서
일 체 실 청 정

不動遍法界　법계가 부동하리라
부 동 변 법 계

無作止任滅 하고, 말고, 맡기고, 멸할 것 없고
무작지임멸

亦無能證者 역시 얻은 자도 없어라
역무능증자

一切佛世界 일체의 부처님 세계도
일체불세계

猶如虛空華 마치 허공의 꽃과 같고
유여허공화

三世悉平等 삼세가 한결 같아서
삼세실평등

畢竟無來去 마침내 오고 감이 없네
필경무래거

初發心菩薩 처음 발심한 보살과
초발심보살

及末世衆生 더불어 말세의 중생들이
급말세중생

欲求入佛道 불도로 들고자 한다면
욕구입불도

應如是修習 응당 이와 같이 닦아 익혀라
응여시수습

제4 금강장보살장

第四 金剛藏菩薩章

그때에 금강장보살이 대중 가운데 있다가 자리 [1]
에서 일어나 부처님 발에 정례하고 오른쪽으로 세
번을 돌고는 꿇어앉아 양 손가락으로 깍지를 끼시
고 부처님께 여쭈었습니다.

"대비하신 세존이시여, 모든 보살을 위하여 여
래 원각의 청정한 대다라니로 비추어 보는 인지법
행因地法行과 점차로 닦는 방편을 잘 밝혀 주시어서
저 모든 중생의 몽매한 꿈과 같은 무지를 잘 깨우
쳐 주셨습니다.

지금 이 모임에 있는 원각으로 가는 길을 알고자 하는 대중들이 부처님의 자비로운 가르침을 받아서 눈을 가리운 환예幻翳가 밝아지고, 각성覺性의 눈으로 보는 혜목慧目이 깨끗해졌습니다.

2 세존이시여, 만일 모든 중생이 본래부터 성불이라면 어떻게 해서 다시 일체의 무명이 있게 되었습니까?

만일 모든 무명이 본래부터 중생에게 있는 것이라면 어떻게 여래께서는 중생이 본래로 성불이라고 말씀하실 수가 있습니까?

시방세계에 있는 중생들이 본래 불도를 다 이루고 난 뒤에 다시 무명을 일으켰다면 일체 여래는 언제 다시 일체 번뇌를 일으키시렵니까?

원컨대 끝없는 큰 자비를 버리지 마시옵고 모든 보살과 저 말세 중생을 위하여 비밀한 법장을 여시어 모든 보살로 하여금 결정적인 믿음을 얻게 해 주십시오.

그리고 저 말세 일체중생으로 하여금 부처님이 밝히신 수다라의 구경의 뜻인 요의了義의 법문을 듣고서 의심과 후회를 영원히 끊게 하여 주십시오.”

이 말을 마치고 오체를 땅에 던지면서 이렇게 세 번 청하기를 마치고 간절한 마음으로 부처님의 말씀을 기다렸습니다.

그때에 세존께서 금강장보살에게 말씀하셨습³니다.

“착하고 착하도다. 너희들이 이제 모든 보살과 말세중생을 위해서 여래가 심히 깊고도 지극히 비밀한 구경의 뜻인 실상을 설명한 그 방편의 의미를 물었구나.

저 비밀하고도 심오한 구경의 뜻을 밝힌 방편설

은 모든 보살에게 있어서는 최상의 가르침이다. 일
체중생도 이미 성불을 다 했다는 이 가르침은 원각
의 본 성품으로 본다면 누구나 다 성불했다는 구경
의 뜻을 밝힌 방편설이다. 지금도 시방에서 수학하
는 보살과 말세 중생들로 하여금 충분히 누구나 성
불을 한다는 결정신決定信을 가지게 하고, 영원히
의심과 후회를 끊게 하는 방편설인 것이다.

그러므로 누구나 성불을 한다는 결정신을 가지게
되면 의심과 후회를 영원히 끊게 되느니라. 이제 마
땅히 너희들을 위하여 설명하리니 자세히 들어라."

그때에 금강장보살이 세존의 가르침을 받들고는
환희한 마음으로 대중들과 함께 조용히 들었습니
다.

4   "선남자야, 일체 모든 세계는 처음도 끝도 없이
생멸한다. 이렇게 하기를 시종이 없이 하는데 앞이

고 뒤고, 있고 없고, 다시 모이고 흩어지고, 일어났다 머물기를 쉬지 않는다. 이렇게 염념이 상속하면서 돌고 돌아서 순환도 하고 왔다 갔다 왕복을 계속한다.

이러한 여러 가지 취하고 버리는 취사가 모두 윤회이다. 만약 이와 같은 윤회를 벗어나지 못한 채 저 신비로운 원각圓覺을 알려고 하면 저 원각성圓覺性도 같이 따라서 빙글 빙글 도는 유전을 하게 되는 꼴이 된다.

이렇게 빙빙 도는 윤회하는 마음을 가진 자가 만일 윤회를 벗어나고자 한다면 옳지 않다. 비유하면 움직이는 눈으로 고요한 물을 보면 고요한 물도 흔들리는 것같이 보인다. 또 고요한 눈이 회전하는 불을 보면 눈도 빙글 빙글 도는 것과 같다. 하늘에 구름이 흘러가는데 흡사 달이 가는 것과 같이 보이고, 배가 앞으로 전진해 가는데 저 언덕이 뒤로 움직이는 것과 같이 보인다.

선남자야, 모든 움직이는 사념망상이 우선 멈추지 아니하면 저 부동하고 있는 물건들이 스스로 가만히 있을 수가 없는 것과 같다.

하물며 쳇바퀴처럼 구르는 생사의 때가 묻은 마음에 아직 맑고 깨끗하지 못한 채로 부처의 원각을 보려고 한다면 이것이야말로 뒤바뀐 착각이 아니겠느냐? 이런 까닭으로 너희들이 문득 세 가지 의혹심을 내는 것이다.

5 　선남자야, 비유하면 눈에 환상으로 생긴 예막 때문에 허망하게 허공에서 헛꽃이 보이다가 만일 눈에 환예를 제거하고 나면 저 허공에 보이던 환예는 이미 없다.

이렇게 이미 눈병이 다 나았는데 누가 다시 묻기를, '그대는 또 어느 때에 다시 그 환예가 일어날 것인가?'라고는 말하지 못한다. 왜냐하면 환예가 허공으로부터 왔거나 저 허공으로 사라진 것이 아니기 때문이다.

이와 같이 환으로 생긴 예막과 허공은 서로 상대가 될 성질이 아니기 때문이다.

또 '허공의 헛꽃이 허공에서 소멸될 때에 허공이 어느 때에 다시 허공에 헛꽃을 일으킬 것인가?'라고는 그 누구도 말하지 못한다. 왜냐하면 허공에는 본래로 헛꽃이 없기 때문에 다시 일어나고 소멸할 성질의 꽃은 본래로 허공 가운데는 없었기 때문이다.

그와 마찬가지로 생사와 열반은 일어났다 소멸했다 하는 기멸을 함께하는 성질이 아니다.

그러므로 저 두루 비추는 묘각의 빛은 저 무변 허공계를 두루 다 머금고 있으므로 이미 묘각은 허공도 다 여의었거늘 다시 헛꽃이란 환예가 어디에 있을 수가 있겠느냐?

선남자야, 마땅히 알아라. 허공은 잠깐 있는 것도 6

아니며 또한 잠깐 어디로 없어지는 것도 아니다. 하물며 여래의 묘각인 원각에 있어서랴. 다만 허공의 본성은 일체에 수순하는 평등한 본성이니 다시 더 말할 나위도 없다.

선남자야, 금이 스며 있는 금광金鑛을 녹이면 금이 녹아서 나온다. 그런데 저 금광을 녹이는 제련으로 인해서 금 자체가 생긴 것은 아니지만 이미 금을 이루고 나면 다시 금이 광석이 되지는 않는다. 무궁한 시간이 경과해도 금의 본 성품은 변질이 되지 않는다.

그러므로 본래 금이 광석을 녹임으로 해서 금이 된 것은 아니지만 또한 광석을 녹이는 연금술로 금이 된 것이 아니라고도 말하지 못한다. 왜냐하면 광석을 녹임으로써 광석 속에 스며 있던 금의 입자를 녹여서 뽑아내기 때문이다.

여래의 원각도 마찬가지다. 수행을 통해서 원각을 성취한다. 본래의 금을 연금술을 통해서 얻는 이치와 수행을 해서 원각을 이루는 이치도 똑같다.

  선남자야, 일체 여래의 묘하게 두루 깨닫고 두루 　7
다 아는 묘원각심妙圓覺心은 본래부터 깨닫는 보리
와 열반도 없으며, 또한 성불을 하고 성불을 못하는
것도 없다. 그리고 저 허망한 윤회와 또한 윤회하지
않는 비윤회란 것도 원각엔 없다.

  선남자야, 저 모든 성문의 원만한 경계도 이미 몸　8
과 마음과 언어가 다 단멸해 버렸다.
  그런데도 제 스스로 몸소 증득해서 나툰 열반에
도 충분히 도달하지 못한다. 그런데 하물며 사유하
는 마음을 가지고 어찌 여래 원각圓覺의 경계를 헤
아리겠느냐. 마치 저 반딧불로 수미산을 태우려고
해도 마침내 불을 붙이지 못하는 것과 같다.
  그렇듯이 빙빙 도는 윤회심으로 윤회하는 소견
을 가지고는 여래의 대적멸해大寂滅海로 들어가려

고 해도 마침내 도달하지 못한다.

　이런 고로 내가 먼저 말하기를 일체 보살과 말세 중생은 먼저 시도 때도 없이 돌고 도는 윤회심의 근본 뿌리부터 끊으라고 당부해 왔던 것이다.

9　선남자야, 그러므로 무엇을 어떻게 하겠다는 생각을 짓는 작사유作思惟도 분별하는 식심에서 일어난 것이다. 모두가 망상으로 일어난 것이다. 그러므로 실다운 실체가 없다. 다만 허공에 핀 헛꽃과 같은 망상이다.

　분별하는 생각을 가지고 부처님의 경계를 알려고 한다면 마치 허공에서 생긴 꽃이 열매 맺기를 바라는 것과 같다. 이 모양으로 망상을 전전할 뿐이니 옳지 않다.

　선남자야, 허망에 들뜬 마음은 교묘하게 보는 이상한 교견巧見이 많아서 원각으로 가는 좋은 방편을 충분히 성취하지 못한다. 그러므로 네가 묻기를 부처님은 언제 다시 중생이 되느냐고 하는 질문은 올바른 물음이 못된다."

그때에 세존께서 거듭 이 뜻을 밝히고자 게송으 [10] 로 읊으시었습니다.

金剛藏當知 금강장아 마땅히 알라
금강장당지

如來寂滅性 여래의 적멸성은
여래적멸성

未曾有終始 일찍이 시종이 없다
미증유종시

若以輪廻心 만약 윤회심으로
약이윤회심

思惟卽旋復 생각을 해도 곧 도나니
사유즉선복

但至輪廻際 다만 윤회의 굴레를 돌 뿐
단지윤회제

不能入佛海 열반의 바다에는 들지 못한다
불능입불해

譬如銷金鑛 금광으로 금 얻는 비유를 하면
비여소금광

金非銷故有 금은 녹임으로 있는 것 아니다
금비소고유

雖復本來金 비록 본래로 금이지만
수부본래금

終以銷成就 마침내 녹여야 이루어지는 것이다
종이소성취

一成眞金體
일 성 진 금 체
한번 진금이 되고 나면

不復重爲鑛
불 부 중 위 광
다시는 금광석은 안 된다

生死與涅槃
생 사 여 열 반
생사와 더불어 열반과

凡夫及諸佛
범 부 급 제 불
범부와 모든 부처님도

同爲空華相
동 위 공 화 상
다 같은 공화상이다

思惟猶幻化
사 유 유 환 화
사유도 오히려 환상이온데

何況詰虛妄
하 황 힐 허 망
하물며 허망타 힐난할 손가

若能了此心
약 능 료 차 심
식심을 다 여읜 뒤에라야

然後求圓覺
연 후 구 원 각
그런 후에 원각을 구할 수 있다

제5 미륵보살장
第五 彌勒菩薩章

그때에 미륵보살이 대중 가운데 있다가 자리에 [1]
서 일어나 부처님 발에 정례를 하고 오른쪽으로 세
번 돌고는 꿇어앉아 양 손가락으로 깍지를 끼시고
부처님께 여쭈었습니다.

"대비하신 세존이시여, 보살을 위하여 널리 비밀
한 법장을 열어서 모든 대중으로 하여금 바퀴 돌듯
하는 생사의 윤회를 깊이 깨닫게 하여 주십시오.
삿된 도와 정도를 잘 분별하시어서 말세 중생들
로 하여금 두려움 없는 도를 보는 눈을 뜨게 함으

로써 열반에 대한 확고한 믿음을 가지게 하셔서 다시는 사견을 반복하는 소견을 일으키지 않도록 하여 주십시요.

2 세존이시여, 만일 모든 보살과 말세 중생이 여래의 대적멸해大寂滅海인 무여열반에 머물고자 한다면 어떻게 윤회의 근본을 끊어야 하며, 윤회에는 몇 가지의 종성種性이 있습니까?

또 성불하는 보리를 닦는 수행에는 몇 가지 종류의 차별이 있으며, 티끌같이 많은 번뇌망상의 세상에 뛰어들면 몇 가지로 중생을 교화하는 방편을 베풀어야만 모든 무리들을 쉽게 제도할 수가 있겠습니까?

원컨대 세상을 구하시는 대비 세존이시여, 자비를 버리지 마시옵고, 수행하는 모든 일체 보살과 말세 중생으로 하여금 지혜의 눈이 깨끗해져서 여래 원각의 눈으로 중생들의 심경을 밝게 비추어 보시

는 여래의 위없는 지견智見을 두루 깨닫도록 하여
주십시오.”

　이 말을 마치고 오체를 땅에 던지면서 이렇게 세
번 청하기를 마치고도 간절한 마음으로 부처님의
말씀을 기다렸습니다.

　그때에 세존께서 미륵보살에게 말씀하셨습니다.　3

　“착하고 착하도다. 선남자야, 너희들이 이제 충
분히 모든 보살과 말세 중생을 위하여 심히 미묘하
고 비밀한 뜻을 물었구나. 저 모든 보살로 하여금
지혜의 눈을 맑게 하고 또한 말세 중생으로 하여금
영원히 윤회를 끊고 마음의 실상을 깨달아서 나고
죽음이 없는 무생법인無生法忍을 얻게 하는구나. 마
땅히 너희들을 위하여 설명하리니, 이제 자세히 들
어라.”

그때에 미륵보살이 부처님의 가르침을 받들고 환희한 마음으로 대중들과 함께 조용히 설법을 기다렸습니다.

4 　"선남자야, 일체중생이 비롯함이 없는 때로부터 애정의 미련에 연연하는 은애의 탐욕으로 말미암아 끝없이 윤회를 하였다. 이러한 모든 세계의 일체중생의 종성으로 난생·태생·습생·화생이 모두 다 음욕으로 인하여 생명성을 받았다.

마땅히 알라. 모든 윤회는 성애의 사랑이 근본이다.

모든 성애의 욕심들이 있어서 그 성애로 성정이 발생하는 것을 도우므로 생사를 상속하게 되었다.

욕심은 성애로 생기고 생명은 욕심 때문에 존재를 한다. 중생이 목숨을 아끼는 마음이 도리어 욕심의 근본을 의탁하게 되므로 애욕이 인이 되어서 목숨을 아끼는 과보를 받게 되었다.

하고자 하는 욕심들의 경우에 따라서 거슬리면 미워하고 질투하면서 여러 가지로 업을 짓는다.

이러한 업의 과보로 지옥이나 아귀과로 다시 태어난다. 싫어해야 할 대상을 애착하고 싫어함이 악도의 길임을 알고서 악을 버리고 선을 즐겨 행하면 다시 천상이나 인간으로 태어난다. 모든 성애는 싫어해야 할 대상인 줄을 아는 까닭에 성애를 버리기를 즐겨 하면 즐겨 행하는 그 심리가 오히려 성애의 근본을 키우게 되고, 뜻밖에 함이 있는 좋은 유위의 선과가 나타나도 그 역시 모두 윤회를 하므로 해탈의 성도를 이루지 못한다.

그러므로 중생이 생사를 해탈하여 모든 윤회를 면하고자 하면 성애를 탐하는 탐욕을 먼저 끊고 목마름 같은 갈애渴愛를 제거해야 한다.

선남자야, 혹 보살이 세상 사람의 몸으로 변화해 서 세간에 출현하는 것은 세속의 성애(愛)가 근본이 되어서 태어난 것은 아니다. 다만 중생들로 하여금 세상의 성애를 버리도록 하기 위한 자비심의 원력으로 인간으로 화생을 한 것이다.

모든 중생과 다름없는 탐욕을 그대로 가지고 있는 듯한 모습으로 생사에 들어간 것이다.

만일 모든 말세 중생이 물욕이든 애욕이든 모든 욕심을 충분히 다 벗어 버리고, 또한 미워하고 사랑하는 증애憎愛를 다 제거해서 영원히 윤회를 끊고, 부지런히 여래의 원각의 경계를 구하게 되면 자연히 청정한 마음에서 홀연히 원각의 각성을 보는 깨달음을 얻는다.

7   선남자야, 일체중생이 본래로 성애를 탐착하는 욕심이 곧 무명이다. 그 무명으로 말미암아 다섯 가지 종성으로 갈라지는 성품인 오성五性이 나타났다. 그 오성五性에는 두 가지 장애가 있다. 이를 이장二障이라 한다.

그 이장二障은 서로 의지해서 깊고 옅은 심천이 나타났다. 어떤 것을 이장二障이라 하는가?

하나는 성리나 물리의 이치에 막히는 이장理障이다. 이치에 막히고 걸리는 이장理障은 바르게 알고 바르게 보는 정지견正知見을 막는 장애를 말한다.

둘째는 세상의 인정과 물정에 막히고 걸리는 사장事障이다.

이 두 가지 장애가 모든 생사에 깊고 얕게 들어가서 이치에 막히고 물정에 걸리는 장애가 계속하게 되었다.

어떤 것이 오성五性인가?

첫째는 불종성佛種性, 둘은 보살종성菩薩種性, 셋은 이승종성二乘種性, 넷은 범부종성凡夫種性, 다섯은 외도종성外道種性이다.

선남자야, 만일 이장理障과 사장事障인 두 가지 장애를 단멸시키지 않으면 성불이 된 것이 아니라고 말한다. 만일 모든 중생이 영원히 성애의 탐욕을 버리어서, 먼저 인정과 물정에 걸리는 사장事障은 제거하였으나 아직 이치에 걸리고 막히는 이장理障을 끊지를 못하면, 다만 성문과 연각의 경계는 충분히 깨치고 들어갈 수는 있으나 보살의 경계에는 아직 들어가 머물지 못한다.

선남자야, 만일 말세의 일체중생이 여래의 대원각의 바다 대원각해大圓覺海에서 노닐고자 하면 먼저 마땅히 원을 세워서 부지런히 두 가지 장애를 끊어야 한다. 두 가지 장애가 이미 조복되고 나면 곧 묘각의 빛 등각의 경계인 보살의 경지로 충분히 깨쳐 들어간다.

만일 사장事障과 이장理障을 영원히 끊어 없애면 곧 여래 묘각인 원각圓覺으로 들어가서 두루 다 깨닫는 보리와 대열반이 구족하게 된다.

8   선남자야, 일체중생이 모두 원각을 증득할 것이지만, 선지식을 만나면 자기 내면에서 일체를 두루

다 비추어 보는 원각을 주시해 보는 인지법행因地法行을 깨우쳐 준다. 이때에 인지법행을 수습함에 있어 원각의 각성을 단박에 깨닫는 돈頓과 점점 닦아서 깨치는 점수漸修가 있다.

만일 이렇게 여래의 무상보리의 바른 수행으로 들어가는 각관覺觀인 인지법행의 바른 가르침을 만나게 되면 근기가 크고 작은 대소와는 아무런 상관도 없이 모두가 성불을 하는 불과佛果를 이룬다.

모든 중생이 좋은 친구와 같은 선지식을 만났다 해도 만일 부처님의 가르침이 아닌 삿된 가르침의 사견邪見을 만나면, 바른 깨달음인 원각으로 들어가지는 못한다. 이 같은 종성을 외도종성外道種性이라 말한다.

이것은 다 삿된 스승을 만난 허물이지 저 이리저리 끌려다니는 범부종성의 허물은 아니다.

이것을 범부 중생에게 있는 다섯 번째 외도종성의 차별이라 말한다.

9   선남자야, 보살은 모름지기 대비심을 방편으로 삼아서 모든 세간에 들어가야 한다. 대비방편을 가지고 들어가서는 자기 자신의 내면에 깨어 있는 묘각의 각성을 깨치지 못한 자를 깨닫도록 해줄 때에 여러 가지 형상을 나투어 보인다. 법답지 못한 역경도 보이고 법다운 순경계도 보이면서 그들과 더불어 같이 일도 하고 같이 먹고 자고 하면서 저들을 교화해서 성불하게 한다. 이 모두는 비롯함이 없는 무시의 조건 없는 보살의 청정한 원력에 의한 것이다.

10   만일 말세의 일체중생이 저 대원각에 들고자 하면서도 제가 제일이라고 하는 증상심增上心이 일어나거든 반드시 보살의 조건 없는 무시의 청정대원淸淨大願을 발원해야 한다. 발원을 할 때에는 마땅히 이렇게 말해야만 한다.

'원컨대 내가 이제 부처님의 원각에 머물러 선지

식을 구하노니 부디 외도와 성문·벽지불인 이승二
乘은 만나지 말아지이다.'

오종성 중에 이승과는 절대로 만나지 않겠다는
원을 세우고 수행해서 점점 들어가면 모든 장애가
다 없어지고 문득 해탈의 청정한 법전에 올라 대
원각大圓覺의 빛으로 장엄된 묘장엄의 경지를 증
득하게 된다."

그때에 세존께서 거듭 이 뜻을 펴시려고 게송으 11
로 읊으시었습니다.

彌勒汝當知 미륵여당지	미륵아, 너는 마땅히 알라
一切諸衆生 일체제중생	일체 모든 중생들이
不得大解脫 부득대해탈	대해탈을 얻지 못하는 것은
皆由貪欲故 개유탐욕고	모두 애정의 탐욕 때문에
墮落於生死 타락어생사	생사에 떨어져 있느니라
若能斷憎愛 약능단증애	만약 미워하고 사랑하는 증애와

及與貪瞋癡
급 여 탐 진 치
더불어 탐·진·치를 끊어버리면

不因差別性
불 인 차 별 성
아둔하고 지혜로운 근기와 상관없이

皆得成佛道
개 득 성 불 도
모두 불도를 이루리라

二障永銷滅
이 장 영 소 멸
이장과 사장이 영원히 소멸되고

求師得正悟
구 사 득 정 오
스승을 구해 바른 깨달음 얻어서

隨順菩薩願
수 순 보 살 원
보살원을 따르게 되면

依止大涅槃
의 지 대 열 반
끝내 대열반으로 돌아가게 되리라

十方諸菩薩
시 방 제 보 살
시방에 모든 보살들이

皆以大悲願
개 이 대 비 원
모두가 대비의 원력으로

示現入生死
시 현 입 생 사
생사에 들어가 몸을 나투나니

現在修行者
현 재 수 행 자
현재 수행하고 있는 자와

及末世衆生
급 말 세 중 생
더불어 말세의 중생들이

勤斷諸愛見
근 단 제 애 견
힘써 모든 애견을 다 끊으면

便歸大圓覺
변 귀 대 원 각
마침내 대원각으로 돌아가리라

제6 청정혜보살장
第六 淸淨慧菩薩章

그때에 청정혜보살이 대중 가운데 있다가 자리 [1] 에서 일어나 부처님 발에 정례를 하고 오른쪽으로 세 번 돌고는 꿇어앉아 양 손가락으로 깍지를 끼시고 부처님께 여쭈었습니다.

"대비하신 세존이시여, 저희들을 위하여 널리 이와 같은 부사의한 일을 설명하시니, 본래 보지도 듣지도 못한 것입니다. 저희들이 이제 부처님의 좋은 깨우침을 입어서 몸과 마음이 크게 편안해지는 큰 요익을 얻었습니다. 원컨대 여기 모인 깨달음을 구하는 일체 법중을 위하여 본래로 법왕의 두루 원만한 각성과 저 일체중생 및 모든 보살과 여래 세존께서 증득하신 원만한 각성이 어떻게 해서 차별이 있게 되었는지를 다시 설명하여 주십시오.

저 말세 중생들이 부처님의 이 가르침을 듣고 그 가르침의 뜻대로 깨달음이 열려서 점차로 충분히 부처님이 증득하신 원만한 원각성으로 들어가게 하여 주십시오."

이 말을 마치고 오체를 땅에 던지면서, 이렇게 세 번 청하기를 마치고 간절한 마음으로 세존의 말씀을 기다렸습니다.

2   이때에 세존께서 청정혜보살에게 말씀하셨습니다.

"착하고 착하도다. 선남자야, 너희들이 이제 충분히 말세 중생을 위하여 여래에게 점차로 닦아 들어가는 수행의 차별을 묻는구나. 마땅히 너희들을 위하여 설명하리니, 이제 자세히 들어라."

그때에 청정혜보살이 가르침을 받들고 환희한 마음으로 대중들과 함께 조용히 설법을 기다렸습니다.

"선남자야, 원각의 자성自性에는 물성의 성품性品 3 이 아닌 깨닫고 아는 각성覺性이 있다.

물론 모든 성품을 따라서 각성이 일어나지만 그 각성의 성품은 무엇을 취함도 없고 또한 무엇을 증득함도 없다.

저 원각의 실상實相 중에는 실로 보살과 중생이 있을 수 없다. 왜냐하면 보살과 중생이 다 원각의 거울에 비친 환상일 뿐이기 때문이다.

조작된 환화는 결국 다 소멸이 된다. 각성은 얻어서 증득이 되고 말고 할 그 무엇이 아니기 때문이다.

비유해 보면 각성이 머물고 있는 안근眼根인 시

각은 제 눈의 앞은 보이지만 제 스스로 보고 아는 시각은 돌이켜 보지를 못함과 똑같다.

원각의 각성은 본래로 스스로 다 한결같이 평등하게 두루 원만하기 때문에 평등하지 않음이 있을 수 없다.

그러나 중생들은 미혹해서 전도된 일체 환상으로 일어나는 현상을 충분히 제거하지 못해서, 소멸이 되고 소멸이 아니 되는 허망함을 지어내는 조작 중에 있으므로 한결같지 않은 차별이 있게 되었다.

만약 저 차별하는 조작의 환화가 다 소멸되어서 여래의 적멸을 따라 들어가 고요 속에 몰입이 되고 나면 실로 적멸한 그 속에서는 적멸이 되었다는 그 무엇도 없다.

4 선남자야, 일체중생이 비롯함이 없는 때로부터 망상으로 비롯된 아我와 가상으로 생긴 그 몸을 자기라고 고집하고 있음을 일찍이 스스로 알지를 못

했다. 알지 못하므로 생각 생각에 일어났다 멸하는 생멸심을 가지고 공연히 미워하고 사랑하는 증애심을 일으켜서 허망한 오욕五慾을 탐착하는 마음을 내었다.

만약에 벗과 같은 잘 아는 선지식을 만나서 그 가르침으로 맑은 원각성이 자신의 안에 있음을 깨달아 그 각성 안에서 생사가 일어났다 멸하는 이치를 밝게 알면 지금 이 현생(生)의 모든 것이 다 나 자신이 스스로 깨닫고 아는 각성覺性을 피로하게 해서 생긴 사념망상임을 알 것이다.

만일 어떤 사람이 피로한 사념망상을 영원히 단멸시켜서 맑은 깨달음의 진리를 얻었을지라도 곧 그 맑게 아는 정해淨解가 오히려 장애가 된다.

그러므로 두루 다 깨닫고 두루 다 아는 원각圓覺에는 스스로 머물러 있지 못한다.

이것을 깨닫지 못한 범부가 깨닫고 아는 각성을 따르는 수순각성隨順覺性이라고 말한다.

5　　선남자야, 일체 보살은 보고 이해를 하는 견해見解가 장애가 되고 있다. 비록 이해를 못하는 장애인 해애解礙는 끊었으나 오히려 환히 보고 깨닫는 견각見覺에 머문다면, 깨닫고 아는 각성이 도리어 장애가 되어 스스로 원각에 머물지를 못한다. 이것을 보살로서 십지에 들지 못한 자가 각성을 따르는 수순각성隨順覺性이라고 한다.

6　　선남자야, 비추어 보는 자가 따로 있고 깨닫고 아는 각覺이 따로 있으면 이것도 장애라고 말한다.

이런 고로 보살이 항상 깨닫고 아는 상각常覺에 머물러 있으면 비추는 자와 비추어 보는 자가 동시에 적멸하게 된다.

비유하건대 어떤 사람이 스스로 그 머리를 끊어 버리고 나면, 머리가 이미 끊어졌으므로 또다시 머리를 끊을 자가 없다. 이와 같이 장애가 있는 마음으로 스스로 모든 장애를 없애면, 장애가 이미 단멸

하였으므로 장애를 없앨 자가 다시는 없다.

경문(수다라)의 가르침은 마치 달을 가리킨 손가락과 같다. 만약 공중에 뜬 실제 달을 보고 나면 가리키는 손가락이 달이 아닌 줄을 알게 된다.

일체 여래의 여러 가지 언설이 보살에게 열어 보이는 것도 또한 달을 가리키는 손가락과 같다.

이것은 이미 십지에 들어간 보살이 각성을 따라 들어갔다는 뜻으로 수순각성이라고 말한다.

선남자야, 원각으로 들어가는 데 일체의 장애가 7 필경에는 다 깨닫는 구경각이다. 이로운 생각이나 부질없는 생각이 다 해탈 아님이 없으며, 이루는 법과 파괴하는 법이 모두 열반이며, 지혜와 우치가 모두 반야이며, 보살과 외도가 성취한 법이 모두 보리이며, 무명과 진여眞如가 별다른 경계가 없으며, 계정혜戒定慧와 음노치婬怒癡가 같은 범행梵行이며, 중생과 국토가 동일한 법성法性이며, 지옥과 천

당이 다 정토며, 성품이 있는 것과 성품이 없는 것이 다 같이 불도를 이루며, 일체의 번뇌가 필경에 해탈이다.

진리의 바다 법계해法界海의 지혜로운 모든 상이 허공과 같이 일체를 비추어 드러내는 것을 여래를 따르는 수순각성이라고 부른다.

8 선남자야, 모든 보살과 말세 중생이 다만 일체 시에 항상 망념을 일으키지 말 것이며, 저 모든 망심을 또한 멈추려거나 없애려고도 하지 말 것이며, 또한 망상의 경계에 머물러 있으면서도 그것을 다 알려고도 하지 말며, 저 아무것도 알려고 하지 않거나 구경의 뜻을 다 알고 있는 그 요지로 진실을 가리려고도 하지 말라.

저 모든 중생이 이 법문을 믿고 이해하고 받아 가지되 놀라거나 두려워하지도 아니하면, 이것을 깨닫고 아는 각성覺性을 따르는 것이라고 한다.

선남자야, 너희들은 마땅히 알아라.

이와 같은 중생은 이미 일찍이 백천만억 항하사 부처님과 대보살에게 공양을 많이 하여서 깨닫는 공덕의 근본을 이미 심었으므로, 부처님께서 이런 사람은 일체종지一切種智를 성취했다고 설한다."

그때에 세존께서 거듭 이 뜻을 펴시려고 게송으로 읊으시었습니다. 9

清淨慧當知 청 정 혜 당 지	청정혜여, 잘 알라
圓滿菩提性 원 만 보 리 성	원만한 보리의 성품으로 본다면
無取亦無證 무 취 역 무 증	취하고 얻고 말고 할 것도 없다
無菩薩衆生 무 보 살 중 생	보살도 중생도 없나니라
覺與未覺時 각 여 미 각 시	깨닫고 깨닫지 못함에 따라
漸次有差別 점 차 유 차 별	수행하는 점차와 차별이 있나니
衆生爲解礙 중 생 위 해 애	중생은 견해의 장애가 있고
菩薩未離覺 보 살 미 리 각	보살은 깨달음의 경계를 버리지 않아

入地永寂滅
입지영적멸
초지에 들어가 영원히 적멸하여

不住一切相
부주일체상
일체의 존재에 머물지 못한다

大覺悉圓滿
대각실원만
대각을 원만히 다 이루어야만

名爲徧隨順
명위변수순
두루 따름이라고 이름한다

末世諸衆生
말세제중생
말세의 모든 중생들이

心不生虛妄
심불생허망
허망한 마음을 일으키지 않는다면

佛說如是人
불설여시인
이런 사람은 부처가 말하는

現世卽菩薩
현세즉보살
현세에 출현한 곧 보살이니라

供養恒沙佛
공양항사불
항하사 부처님께 공양하여서

功德已圓滿
공덕이원만
이미 공덕을 원만히 갖추었도다

雖有多方便
수유다방편
비록 다양한 방편의 모습을 보이나

皆名隨順智
개명수순지
모두 불지를 따르는 이름일 뿐이다

제7 위덕자재보살장

第七 威德自在菩薩章

그때에 위덕자재보살이 대중 가운데 있다가 자 [1]
리에서 일어나 부처님 발에 정례를 하고 오른쪽으
로 세 번 돌고는 꿇어앉아 양 손가락으로 깍지를
끼시고 부처님께 여쭈었습니다.

"대비하신 세존이시여, 저희들을 위하여 이와 같
이 깨닫고 아는 각성覺性으로 따라 듦을 널리 분별
하시어 모든 보살로 하여금 마음의 밑바탕에 빛나
고 있는 광명장을 깨닫게 하셨으니, 두루 다 깨닫고
두루 다 아는 부처님의 원음圓音을 듣고서, 닦고 익

히지 않고도 좋은 이익을 얻었습니다.

세존이시여, 비유하건대 큰 성城 안에는 밖으로 통하는 성문이 네 개가 있어서 여러 지방에서 오는 사람들이 한 길로만 오는 것이 아닌 것처럼, 일체 보살이 불국佛國을 장엄하거나 보리를 이루는 것도 한 개의 방편이 아닙니다.

원컨대 세존이시여, 널리 저희들을 위하여 일체 방편과 점차와 아울러 수행인이 닦는 도가 모두 몇 종류가 있는지를 설명하여 주십시오. 이 모임에 모인 모든 보살과 말세 중생들 중에서 원각으로 들어가는 대승을 구하는 자로 하여금 속히 깨달음이 열려서 여래의 열반인 거룩한 고요가 멸해 버린 바다 대적멸해大寂滅海에서 즐겨 노닐게 하여 주십시오.”

이 말을 마치고 오체를 땅에 던지면서, 이렇게 세 번 청하기를 마치고 간절한 마음으로 부처님의 말씀을 기다렸습니다.

그때에 세존께서 위덕자재보살에게 말씀하셨 ²
습니다.

"착하고 착하도다. 선남자야, 너희들이 이제 충분히 보살과 말세 중생을 위하여 여래에게 이와 같은 방편을 묻는구나. 마땅히 너희들을 위하여 설명하리니, 자세히 들어라."

그때에 위덕자재보살이 가르침을 받들고 환희하면서 대중들과 함께 조용히 들었습니다.

"선남자야, 위없는 묘각妙覺의 각성이 시방세계 ³에 두루 가득하여서 여래를 출생케 하나니, 일체의법과 묘각의 각성은 같은 한 몸으로서 서로 같아평등하다. 그러므로 저 수행에 있어서도 깨달음이나 수행은 실로 둘이 없다.

그러나 실제로 수행을 해서 들어가는 방편은 그

수가 무량하다. 하지만 그 돌아가는 길을 뚜렷이 밝히면 수행하는 자의 근기에 맞는 근성根性에 따라서 세 종류의 차별이 있다.

4   선남자야, 만일 보살이 청정한 정원각淨圓覺을 밝히고 나서, 밝게 깨닫고 아는 마음(覺心)으로 고요함을 취하여 수행을 삼으면, 모든 생각을 맑힘으로 말미암아 식심識心이 번거롭게 움직임을 환히 다 보게 된다.

고요한 각성의 밝음인 고요한 지혜 정혜靜慧가 발생하면, 몸과 마음에서 일어나고 있는 번뇌나 밖으로 받아들인 객진번뇌客塵煩惱가 영원히 소멸된다.

소멸되면서 문득 안으로 고요가 침몰한 적정寂靜 가운데 능히 가볍고 편안한 평화가 발생한다.

신심이 공적해지고 고요해졌기 때문에 시방세계의 모든 여래의 마음이 그 맑은 지혜 가운데 나타나는 것이, 마치 거울 가운데 나타난 영상과 같다.

이 같은 방편을 사마타奢摩他라고 한다.

선남자야, 만일 보살이 맑고 밝은 정원각淨圓覺을 5
깨치고 나서 깨닫는 각심覺心으로 마음의 성품과
육근의 식심인 근진根塵이 모두 환상으로 된 것인
줄로 알고 깨달으면 곧 모든 환幻을 일으키는 주체
자를 제거하고, 모든 환을 변화시켜서 뭇 환을 깨닫
고 알도록 개오시키는 환을 일으키기 때문에 문득
안으로 가볍고 편안한 큰 자비심을 능히 발한다.

일체 보살이 이렇게 수행을 해서 점차로 증진하
되, 저 환을 깨닫고 아는 각성의 눈으로 보는 관觀
하는 자, 곧 그 각성은 환과 같지 않다.

그러나 환과 같지 않은 관觀도 모두 환이 되므로,
환으로 된 모든 현상을 영원히 다 여의게 된다.

이것은 모든 보살이 두루 묘하게 깨닫는 수행으
로 흡사 흙이 모든 싹을 기르는 것과 같다.

이 같은 방편을 삼마발제三摩鉢提라고 한다.

6 　선남자야, 만일 보살이 두루 맑은 원각(淨圓覺)을 깨치고 나서 깨끗한 각심으로 환상인 환화와 고요한 상인 정상靜相을 취하지 않는다면, 몸과 마음이 모두 걸리고 막히는 괘애罣礙인 줄을 끝까지 안다.

　저 깨닫고 아는 밝은 알음알이에는 어둠이 없어서 모든 장애를 의지하지 아니하므로, 영원히 있음에 막히는 걸림이 없으므로 모든 막힘의 경계를 초월한다. 지금 수용하는 세계와 몸과 마음이 서로 티끌 세상에 있는 것이, 마치 종과 북의 소리가 밖으로 울려 퍼지는 것과 같다.

　그러므로 번뇌와 마음 없음의 열반이 서로 장애가 되지 않으므로 문득 안으로 고요함도 멀리해 버린 경안함을 충분히 발한다.

　묘각妙覺을 따라 수순하는 적멸의 경계는 중생의 신심으로는 능히 미치지를 못한다. 그러므로 중생의 숨쉬고 사는 목숨도 모두 뜬 생각과 같다.

　이렇게 보는 방편을 선나禪那라고 이름한다.

선남자야, 저 원각으로 돌아가는 이 삼법문三法門 7
은 모두 원각圓覺으로 가장 수월히 친근하게 따라
서 들어가는 좋은 방편이다. 시방의 여래께서 이것
을 인하여 성불하셨으며, 시방의 여래와 보살들이
여러 가지로 수행하는 방편들은 서로 같고 다를 수
는 있으나 일체가 이 사마타와 삼마발제와 선나인
삼종으로 닦는 수행을 의지하고 있다.

만일 저 삼종의 수행으로 두루 다 깨닫는 원각을
증득하려고 하면 곧 원각을 이룰 수 있다.

선남자야, 가령 어떤 사람이 성인의 도를 닦아서
백천만억 아라한과 벽지불의 과위를 얻도록 교화
해서 다 성취하게 했다손 치더라도 어떤 사람이 이
원각으로 가는 걸림이 없는 무애법문無礙法門을 듣
고 찰나 동안이라도 그대로 따라 닦아 익히는 것만
같지 못하느니라.”

그때에 세존께서 거듭 이 뜻을 다시 펴시려고 게 8

송으로 읊으시었습니다.

威德汝當知 위덕아, 너는 마땅히 알라
위 덕 여 당 지

無上大覺心 무상대각을 이루고자 하는 마음은
무 상 대 각 심

本際無二相 본래 두 가지 길이 없건만
본 제 무 이 상

隨順諸方便 근기 따라 수행하는 방편이 있어
수 순 제 방 편

其數卽無量 그 수가 한량이 없나니라
기 수 즉 무 량

如來總開示 여래가 총괄해서 요약해 보이면
여 래 총 개 시

便有三種類 그 방편이 세 종류가 있다
변 유 삼 종 류

寂靜奢摩他 고요히 관觀하는 사마타는
적 정 사 마 타

如鏡照諸像 거울로 만상을 비추듯 하고
여 경 조 제 상

如幻三磨提 환상을 관하는 삼마발제는
여 환 삼 마 제

如苗漸增長 마치 흙이 싹을 기름과 같다
여 묘 점 증 장

禪那唯寂滅 오로지 적멸을 관하는 선나는
선 나 유 적 멸

如彼器中鍠 저 종고 소리 여운 같아라
여 피 기 중 굉

三種妙法門 세 가지 묘한 삼매의 문은
삼 종 묘 법 문

皆是覺隨順 모두 원각으로 따라듦일세
개 시 각 수 순

十方諸如來
시방제여래
시방의 모든 여래와

及諸大菩薩
급제대보살
더불어 대보살들이

因此得成道
인차득성도
이렇게 닦아서 성도를 했다

三事圓證故
삼사원증고
삼종관법으로 원각을 증득한 고로

名究竟涅槃
명구경열반
그 이름을 구경열반이라 하느니라

제8 변음보살장
第八 辨音菩薩章

그때에 변음보살이 대중 가운데 있다가 자리에 [1]
서 일어나 부처님 발에 정례를 하고 오른쪽으로 세
번 돌고는 꿇어앉아 양 손가락으로 깍지를 끼시고
부처님께 여쭈었습니다.

"대비하신 세존이시여, 이러한 법문은 심히 희유
합니다. 세존이시여, 이 모든 방편에서 일체 보살이
저 원각의 문으로 가는 데 수습하는 방편이 몇 가
지가 있습니까?

원컨대 이 대중과 말세 중생을 위하여 원각으로

가는 방편의 종류를 깨치도록 하여 주십시오."

이 말을 마치고 오체를 땅에 던지면서 이렇게 세 번 청하기를 마치고 간절한 마음으로 법문을 기다 렸습니다.

2   그때에 세존께서 변음보살에게 말씀하셨습니다.

"착하고 착하도다. 선남자야, 너희들이 모든 대 중과 말세중생을 위하여 여래에게 이렇게 수행하 는 방편을 묻는구나. 마땅히 너희들을 위하여 설명 하리니, 이제 자세히 들어라."

그때에 변음보살이 가르침을 받들고는 환희한 마음으로 대중들과 함께 조용히 들었습니다.

3   "선남자야, 일체 여래의 원각은 본래로 청정하

여서 무엇을 수습해야 할 그 무엇이 본래로 없건마는, 일체 보살과 말세 중생이 이러한 원각의 실상을 깨칠 도리가 없으므로 저 환상과 같은 힘을 빌려서 수습을 할 수밖에 없게 되었다.

이때에 수습하는 방법에는 25종으로 정해진 안정된 정륜定輪이 있다.

만일 모든 보살이 오직 지극히 고요한 적정을 취하게 되면 그 고요한 힘인 정력靜力으로 말미암아 영원히 번뇌를 끊고 구경의 적정을 성취하게 된다. 4

구경에 적정을 성취하게 되면 앉은 그 자리에서 일어나지도 않고 바로 열반에 들어가기도 한다.

이런 보살은 단순하게 사마타를 닦았다고 말하고 이를 제1의 정륜(第一定輪)이라 말한다.

만일 보살이 맑고 깨끗한 원각을 깨치고 나서 모름지기 환상을 사실같이 관하게 되면 부처님의 위 5

신력을 빌려 쓰는 까닭으로 현 세계를 마음대로 변화시키는 저 여러 가지 신통한 작용을 가지게 된다.

보살이 청정한 묘행을 갖추어서 수행하되, 일체 모든 법인 다라니에 공적한 생각과 고요하게 밝게 보는 혜명도 잃지 아니한다.

이런 보살은 단순하게 삼마발제를 닦는다고 말하고 이를 제2의 정륜定輪이라 말한다.

6 만일 보살이 오직 모든 환상을 멸하되 어떤 작용도 취하지 않으면서 홀로 번뇌를 끊되 번뇌를 끊어서 다 멸하고서 홀연히 원각의 실상을 증득하게 되면, 이런 보살은 선나를 단순하게 닦았다고 말하고 이를 제3의 정륜定輪이라 말한다.

7 만일 보살이 먼저 지극히 고요함을 취하되 번뇌 망상이 일체 없는 맑고 깨끗하게 보는 마음(靜慧心)으로 모든 환상을 비추고, 그때 정혜심靜慧心 가운

데서 뜻밖에 보살행을 일으키게 되면 이런 보살은 먼저 사마타를 닦고, 뒤에 삼마발제를 닦는 것이라고 말하고 이를 제4의 정륜定輪이라 말한다.

만일 모든 보살이 번뇌가 일체 일어나지 않는 맑고 밝은 정혜靜慧의 지극한 고요함을 증득하고 나서, 문득 번뇌를 끊어 영원히 생사를 벗어나면, 이런 보살은 먼저 사마타를 닦고, 뒤에 선나를 닦는 것이라고 말하고 이를 제5의 정륜定輪이라 한다.

만일 모든 보살이 공적한 적정혜寂靜慧로써 다시 8
환상의 힘을 나투어 여러 가지로 변화시키면서 모든 중생을 제도하고 나서, 뒤에 번뇌를 끊어 적멸에 들어가면, 이 보살은 먼저 사마타를 닦고, 중간에 삼마발제를 닦고, 뒤에 선나를 닦는 것이라고 말하고 이를 제6의 정륜定輪이라 한다.

만일 모든 보살이 지극한 고요함의 힘으로 번뇌를 모두 끊어 버리고, 뒤에 보살의 청정한 묘행을 일으켜서 모든 중생을 제도하면, 이 보살은 먼저 사마타를 닦고, 중간에 선나를 닦고, 뒤에 삼마발제를 닦는 것이라고 말하고 이를 제7의 정륜定輪이라 한다.

만일 모든 보살이 지극한 고요함의 힘으로 마음에 번뇌를 끊고 나서, 뒤에 중생을 제도하여 세계를 건립하면, 이 보살은 먼저 사마타를 닦고, 삼마발제와 선나를 가지런히 닦는 것이라고 말하고 이를 제8의 정륜定輪이라 한다.

만일 모든 보살이 지극한 고요함의 힘으로 변화를 도와 일으키고 뒤에 번뇌를 끊으면, 이 보살은 사마타와 삼마발제를 가지런히 닦고, 뒤에 선나를 닦는 것이라고 말하고 이를 제9의 정륜定輪이라 한다.

만일 모든 보살이 지극한 고요함의 힘으로 적멸
을 돕고, 뒤에 신통한 작용을 일으켜서 모든 경계를
변화시키면, 이 보살은 사마타와 선나를 가지런히
닦고, 뒤에 삼마발제를 닦는 것이라고 말하고 이를
제10의 정륜定輪이라 한다.

만일 모든 보살이 신통하게 변화를 일으키는 힘 9
으로 여러 가지로 수순하면서 지극한 고요함을 취
하면, 이 보살은 먼저 삼마발제를 닦고, 뒤에 사마
타를 닦는 것이라고 말하고 이를 제11의 정륜定輪
이라 한다.

만일 모든 보살이 변화시키는 힘으로써 여러 가
지 경계를 나투면서 적멸을 취하면, 이 보살은 먼저
삼마발제를 닦고, 뒤에 선나를 닦는 것이라고 말하
고 이를 제12의 정륜定輪이라 한다.

만일 모든 보살이 변화력으로써 성불하는 불사佛事를 짓고, 적정에 안주하고서 번뇌를 끊으면, 이 보살은 먼저 삼마발제를 닦고, 중간에 사마타를 닦고, 뒤에 선나를 닦는 것이라고 말하고 이를 제13의 정륜定輪이라 한다.

만일 모든 보살이 변화력으로써 걸림이 없는 작용을 하고, 번뇌를 끊음으로써 지극한 고요함에 안주安住하면, 이 보살은 먼저 삼마발제를 닦고, 중간에 선나를 닦고, 뒤에 사마타를 닦는 것이라고 말하고 이를 제14의 정륜定輪이라 한다.

만일 모든 보살이 변화력으로써 방편의 일을 하고, 지극한 고요함과 적멸 두 가지를 같이 수순하면, 이 보살은 먼저 삼마발제를 닦고, 가지런히 사마타와 선나를 닦는 것이라고 말하고 이를 제15의 정륜定輪이라 한다.

만일 모든 보살이 변화력으로써 여러 가지 작용을 일으켜서 지극한 고요함을 돕고, 뒤에 번뇌를 끊으면, 이 보살은 가지런히 삼마발제와 사마타를 닦고, 뒤에 선나를 닦는 것이라고 말하고 이를 제16의 정륜定輪이라 한다.

만일 모든 보살이 변화력으로써 적멸을 돕고, 뒤에 청정한 지음이 없는 고요한 생각인 무작정려無作靜慮에 머물면, 이 보살은 가지런히 삼마발제와 선나를 닦고, 뒤에 사마타를 닦는 것이라고 말하고 이를 제17의 정륜定輪이라 한다.

만일 모든 보살이 적멸력寂滅力으로써 지극히 고요함을 일으키고 청정에 머물면, 이 보살은 먼저 선나를 닦고, 뒤에 사마타를 닦는 것이라고 말하고 이를 제18의 정륜定輪이라 한다.

만일 모든 보살이 적멸력으로써 작용을 일으켜서 일체 경계에 고요하게 수순을 사용하면, 이 보살은 먼저 선나를 닦고, 뒤에 삼마발제를 닦는 것이라고 말하고 이를 제19의 정륜定輪이라 한다.

만일 모든 보살이 적멸력과 여러 가지 자기 성품으로써 고요한 생각인 정려靜慮에 안주하고 변화를 일으키면, 이 보살은 먼저 선나를 닦고, 중간에 사마타를 닦고, 뒤에 삼마발제를 닦는 것이라고 말하고 이를 제20의 정륜定輪이라 한다.

만일 모든 보살이 적멸력과 지음이 없는 자성으로써 청정한 경계의 작용을 일으켜서 고요한 생각으로 돌아가면, 이 보살은 먼저 선나를 닦고, 중간에 삼마발제를 닦고, 뒤에 사마타를 닦는 것이라고 말하고 이를 제21의 정륜定輪이라 한다.

만일 모든 보살이 적멸력과 여러 가지 청정으로써 고요한 생각에 머물러 변화를 일으키면, 이 보살은 먼저 선나를 닦고, 가지런히 사마타와 삼마발제를 닦는 것이라고 말하고 이를 제22의 정륜定輪이라 한다.

만일 모든 보살이 적멸력으로써 지극한 고요함을 돕고 변화를 일으키면, 이 보살은 가지런히 선나와 사마타를 닦고, 뒤에 삼마발제를 닦는 것이라고 말하고 이를 제23의 정륜定輪이라 한다.

만일 모든 보살이 적멸력으로써 변화를 돕고, 지극히 고요하고 맑고 밝은 청명한 경계의 지혜를 일으키면, 이 보살은 가지런히 선나와 삼마발제를 닦고, 뒤에 사마타를 닦는 것이라고 말하고 이를 제24의 정륜定輪이라 한다.

만일 모든 보살이 원각의 지혜로써 일체에 두루 합하고 저 성품의 모든 상을 깨닫고 아는 각성을 여읨이 없으면, 이 보살은 사마타·삼마발제·선나인 3종의 자성을 두루 원만히 청정하게 수순하는 것이라고 말하고 이를 제25의 정륜定輪이라 한다.

11 선남자야, 저 보살이라고 이름 하는 일체 보살들이 25정륜으로 수행하는 것이 이와 같다.

12 만일 모든 보살과 말세 중생이 25륜을 의지하는 자는 마땅히 청정행을 지니고 적정 삼매를 간절하게 구하면서 21일을 지내고 나서 저 25정륜을 쪽지에 낱낱이 표기해 놓고 지극한 마음으로 하나를 뽑아서 표기한 그 쪽지에 기록된 메시지를 보게 되면 단박에 돈頓으로 닦을지, 여러 가지로 섞어서 닦는 점수漸修로 닦을지를 알게 된다. 25정륜을 적은 심주를 뽑아 그 쪽지에 게시한 기록을 한 생각이라도

의심하거나 후회를 하면 곧 성취하지 못하느니라."

그때에 세존께서 거듭 이 뜻을 펴시려고 게송으 13
로 읊으시었습니다.

辨音汝當知 변음아, 너는 마땅히 알라
변음여당지

一切諸菩薩 일체 모든 보살들의
일체제보살

無礙清淨慧 걸림없는 청정한 지혜는
무애청정혜

皆依禪定生 모두 선정에서 생긴다
개의선정생

所謂奢摩他 사마타는 거울로 만상을 비추듯 하고
소위사마타

三摩提禪那 사마타와 삼마발제와 선나인
삼마제선나

三法頓漸修 삼법을 돈과 점으로 닦는 데
삼법돈점수

有二十五種 그 종류가 25종이 있다
유이십오종

十方諸如來 시방의 모든 여래와
시방제여래

三世修行者 과거나 현재나 내세에 수행자들이
삼세수행자

無不因此法 이 삼법을 이용하지 않고는
무불인차법

而得成菩提 보리를 이루지 못하느니라
이득성보리

唯除頓覺人
유 제 돈 각 인
오직 깨달은 사람을 제외하고는

幷法不隨順
병 법 불 수 순
삼법문을 따르지 않고는 안 된다

一切諸菩薩
일 체 제 보 살
일체 모든 보살과

及末世衆生
급 말 세 중 생
더불어 말세 중생이

常當持此輪
상 당 지 차 륜
이 25정륜을 항상 지니고

隨順勤修習
수 순 근 수 습
부지런히 삼법문을 따라 익히노라면

依佛大悲力
의 불 대 비 력
부처님 대비력을 입어서

不久證涅槃
불 구 증 열 반
머지않아 열반을 증득하리라

제9 정제업장보살장
第九 淨諸業障菩薩章

그때에 정제업장보살이 대중 가운데 있다가 자 [1]
리에서 일어나 부처님 발에 정례를 하고 오른쪽으
로 세 번 돌고 꿇어앉아 양 손가락으로 깍지를 끼
시고 부처님께 여쭈었습니다.

"대비하신 세존이시여, 저희들을 위하여 이와 같
이 부사의한 일체 여래의 원각圓覺을 바탕으로 해
서 수행하는 인지법상因地法相을 널리 말씀하시었
습니다.

모든 대중들로 하여금 미증유를 얻게 하시고 일

찍이 일체를 고루 깨우쳐 주시는 조어사調御師께서
는 항하사 겁을 지나면서 부지런히 수고롭게 얻으
신 경계의 일체 요령을 마치 한 생각처럼 보게 하셨
습니다. 저희 보살들이 스스로 깊이 경축하며 행운
으로 여기옵니다.

2   세존이시여, 만일 이 깨닫고 아는 각심覺心의 성
품이 본래로 청정하다면 무엇 때문에 오염이 되어
가지고 모든 중생들이 깨닫고 아는 각심(覺)으로 살
고 있으면서도 두루 깨닫고 아는 원각圓覺을 잘 몰
라서 묘각妙覺으로 들어가지 못하게 되었습니까?
    오직 원컨대 여래께서는 널리 저희들을 위하여
각심覺心의 법성을 깨닫게 하시어서, 지금 이 대중
과 말세 중생으로 하여금 앞으로 바른 안목을 가지
게 하여 주십시오.”

    이 말을 마치고 오체를 땅에 던지면서 이렇게 세

번 청하기를 마치고 간절한 마음으로 세존의 말씀
을 기다렸습니다.

그때에 세존께서 정제업장보살에게 말씀하셨 ³
습니다.

"착하고 착하도다. 선남자야, 너희들이 이제 모
든 대중과 말세 중생을 위하여 여래에게 이와 같은
방편을 묻는구나. 마땅히 너희들을 위하여 설명하
리니, 이제 자세히 들어라."

그때에 정제업장보살이 가르침을 받들고는 환희
한 마음으로 대중들과 같이 조용히 들었습니다.

"선남자야, 일체중생이 비롯함이 없는 때로부터 ⁴
망상으로 말미암아 내가 제일이라 고집하는 아상我
相과 내가 사람이라고 집착하는 인상人相과 자타를

고집하는 중생상衆生相과 목숨을 애착하는 수명상
壽命相을 지니게 되었다.

이 네 가지 전도(四顚倒)를 참다운 나라고 잘못 알
고 있다. 이리하여 공연히 나와 남을 미워하고 사랑
하는 두 가지 증애가 생겼다.

저 허망한 심경에다가 거듭 허망을 집착하므로
사랑하고 미워하는 두 허망이 서로 의지하여 허망
한 과보로 생기는 업도를 만들었다.

허망한 지음의 망업妄業이 있음으로 해서 허망하
게 유전이 있게 되었고, 또 유전을 싫어하는 자는
허망하게 마음 없음을 열반으로 본다.

이리하여 능히 아무것도 없는 무상의 청정한 원
각으로 들어가지를 못하게 되었다.

충분히 원각으로 들어가려는 자의 깨달음인 각
覺을 사상四相이 막았기 때문이다. 실은 각覺이 깨닫
지 못하도록 거부하는 것도 아니며, 또한 그 각覺이
깨달음인 각으로 들어가게 할 수 있는 것도 아니다.

이런 고로 생각이 움직이는 동념動念과 생각을 쉬게 하는 식념息念이 모두 두루 깨닫는 원각圓覺을 잘 몰라서 헤매게 되었다.

왜냐하면 비롯함이 없는 인간들의 무지가 일어난 근본 무명이 원각을 가리고 이미 자리 잡고 있기 때문이다. 그러므로 이 무명을 일체중생이 지혜가 없는 눈으로 보다 보니 지금 이 몸과 마음의 속성인 의식과 잠재의식과 무의식이 모두 무명이다.

그 무명을 끊지 못하는 까닭을 비유한다면 사람이 스스로 제 목숨을 끊지 못하는 것과 같다.

그러므로 마땅히 알아라. 나를 사랑하는 자가 있으면 내가 그를 좋아하고, 내 마음에 들지 아니하면 공연히 남을 미워하고 원망한다.

바로 이 두 증애심憎愛心이 무명을 점점 증장시켜 줌으로써 무명은 끝없이 염념 속에 뒹굴기 때문에 원각으로 가는 도를 아무리 구하려고 하여도 그 무명 때문에 성취하지 못한다.

5   선남자야, 무엇을 아상我相이라 하느냐?

모든 중생의 마음에 무엇을 가지고 있는 증득한 바가 있는 것을 아상이라 말한다.

선남자야, 비유하건대 어떤 사람이 육신의 백해 百骸가 고루 편안하면 제 몸을 잊어버리고 있다가 공연히 사지가 당기거나 만신이 늘어지면서 섭취해야 할 영양이 불량하게 되면 가볍게 침鍼을 놓거나 쑥으로 뜸을 뜨게 된다.

그렇게 되면, 침이나 뜸을 뜰 때 단박에 아프다고 "아얏" 하게 된다. '아얏' 하는 그 호소가 바로 '나'란 '아'가 내 몸에 있음을 깨닫게 된다.

이런 고로 몸에 무엇을 취하게 되면 단박에 나라는 놈이 나타나게 된다.

선남자야, 그 나라고 하는 마음으로 설사 청정한 열반을 증득하더라도 그 모두가 아상我相이 된다.

6   선남자야, 무엇이 내 몸이라고 고집하는 인상人

相인가 하면 모든 중생의 마음으로 깨우쳐 증득한 바가 있는 것을 말한다. 선남자야, 모든 중생이 마음으로 느끼고 깨닫고 아는 앎이 모두 아상이다. 이러한 앎이 아상이 되고 있음을 깨달은 자는 다시는 그러한 아상을 인증하고 스스로 취하지 않는다. 왜냐하면 아상을 아는 깨달음 그 자체는 나라는 아상我相이 아니기 때문이다.

깨달음도 또한 이와 같다. 이미 몸과 마음으로 일체를 증득한 바를 초월했다고 하는 그 깨달음 자체도 모두 인상人相이 된다.

선남자야, 그런 마음으로 얻어 가진 열반도 모두가 인상人相이다. 설령 두루 다 깨달은 원오圓梧를 하였다 해도 그 마음속에 무엇을 깨달았다는 생각을 두면 증득한 능력을 두루 갖추었다 할지라도 모두 인상人相이라고 말한다.

선남자야, 무엇이 중생상衆生相이냐?

모든 중생의 마음에 스스로 증득證得한 바가 진정한 깨달음에 미치지 못한 것을 중생상衆生相이라 말한다.

선남자야, 비유해 보면 어떤 사람이 '내가 저 중생이다'라고 말하면, 곧 그 사람이 중생이라고 말하는 것은 자신을 말하는 아我도 아니고 남인 저도 아닌 줄을 스스로 안다. 어찌하여 내가 아닌 아我가 아닌가? '내가 이 중생이다' 했으니 곧 아我가 아니다. 어찌하여 저도 아닌 아我가 아닌가? '내가 저 중생이다'라고 했으니 내가 아니기 때문이다.

선남자야, 다만 모든 중생이 결정적으로 얻어 가진 요증了證과 결정적으로 깨달은 요오了悟가 모두 아我와 인人이 된다. 아상我相과 인상人相이 미치지 못하는 곳을 결정적으로 요지了知했다는 앎이 남아 있으면 곧 뭇 생각이란 뜻으로 중생상衆生相이라 부른다.

선남자야, 무엇이 수명상壽命相인가?

모든 중생의 마음을 비추어 보는 마음이 청정하여 결정코 아는 앎이 요지한 바를 깨달은 것을 말한다. 일체 업을 짓는 지혜가 스스로 업을 짓는 지혜를 보지 못하는 것이 마치 숨 쉬는 근본 콧구멍과 같다.

선남자야, 만일 마음으로 일체의 깨닫고 아는 각覺을 비추어 보이는 것은 모두 의식하고 느끼는 진구塵垢이다. 깨달음이 깨달음을 아는 바는 저 의식과 느낌인 진구塵垢를 아직 여의지 못하였기 때문이다.

사상의 비유로 마치 끓는 물에 얼음을 녹이면 따로 얼음이 있어서 그 얼음이 녹는 것을 아는 얼음이 따로 없는 것과 같이 아는 자가 따로 없어야 한다.

나라는 아我를 두어서 아我를 깨닫는 깨달음도 꼭 그와 같다.

9   선남자야, 말세 중생이 사상四相을 제대로 알지
못하면, 비록 다겁이 지나도록 고생하여 수도를 해
도 다만 함이 있는 유위有爲가 될 뿐 마침내 일체의
성인들이 성취한 도과를 이루지 못한다.

이런 고로 사상에 빠져 있으면서 도를 얻었다고
하는 중생을 정법말세正法末世라고 한다.

10   무슨 까닭이냐?

일체를 자기란 아我를 인정하고서 열반을 삼기
때문이고, 증득을 하고 깨달아 아는 얻음이 있음을
가지고 '성취했다'고 말하기 때문이다.

비유하건대 어떤 사람이 도적을 잘못 알아 자식
으로 삼으면 그 집안의 재보는 마침내 다 잃고 마
는 것과 같다. 무슨 까닭이냐?

나를 사랑하는 아애자我愛者는 또한 열반까지도
그와 같이 사랑하므로, 나를 사랑하는 아애의 뿌리
를 마음에 잠복시켜 놓고서 아애를 열반상涅槃相으

로 삼기 때문이다. 나를 미워하는 자는 또한 생사를 미워하나니, 사랑이 참 생사인 줄 알지 못하는 고로 별도로 생사를 미워하는 지라, 이를 해탈이 아니라고 말한다.

어떻게 하면 법다운 해탈이 아닌 줄을 알 수가 있는가? 선남자야, 저 말세 중생이 보리를 익히는 자가 미미하게 증득하고서 스스로 청정하다고 하면 아상我相의 근본을 아직도 다 없애지 못하였기 때문이다.

만일 다른 사람들이 자기의 법을 찬탄하면 곧 환희심을 내어 문득 제도하고자 하고, 만일 자기가 얻은 바를 비방하면 문득 성내고 원한을 품는다면, 이 사람은 아상을 견고히 집착하기 때문에 장식藏識에 아상을 잠복시켜 놓고 육근의 육감에 즐겨 놀기를 간단 없이 좋아하는 사람인 줄을 알아야 한다.

선남자야, 저 수도하는 자가 아상을 제거하지 못

하였기 때문에 청정한 묘각에는 절대로 들어가지 못한다.

선남자야, 만일 내가 텅 빈 아공我空인 줄을 알면 아我란 자가 훼손할 그 무엇도 없다. 그런데 아我가 있다고 설법하는 것은 아상을 끊지 못한 까닭이다.

인상人相과 중생상衆生相과 수명상壽命相도 또한 모두 이와 같다.

12 선남자야, 말세 중생이 병을 가지고 모두 불법이 라고 법문을 하고 있으니 참으로 불쌍한 자라고 말한다. 비록 부지런히 정진을 하여도 모든 병을 더 보탤 뿐이므로 청정한 묘각으로 옳게 들어가지를 못한다.

선남자야, 말세 중생이 사상四相을 알지 못하고, 저 무지를 가지고 여래가 보시는 불지견인 줄로 알고들 있다. 그러니 저 무지를 자기들의 수행의 길잡이로 삼고 있으니 끝내 원각을 성취하지 못한다.

혹 어떤 중생이 얻지 못하고서 얻었다고 말하고, 증득하지 못하고서 증득을 했다고 말하거나, 오히려 수행을 잘 하는 자를 보면 마음에 질투를 하는 것은 저 중생이 아직 나라고 애착하는 아애我愛를 끊지 못한 탓이다. 이런 고로 청정한 원각에 충분히 들어가지를 못한다.

선남자야, 말세 중생들이 도를 이루고자 희망하 ¹³ 면서도 깨달음을 구하지 아니하고 오직 많이 듣기만 즐겨하면 스스로 안다는 아견我見만을 키우게 된다.

마땅히 부지런히 마음을 고요히 하는 정진을 하여서 번뇌를 항복시키고, 크게 용맹심을 일으켜서 얻지 못한 것을 얻고 끊지 못한 것을 끊어라. 저 탐심·진심·아애·교만과 사특한 첨곡諂曲의 질투가 일어나는 경계를 만나더라도 조용히 지켜만 보면 끊기 어려운 미련의 은애恩愛가 모두 적멸해 버린다.

부처님께서 이런 사람을 '점차로 성취할 것이다' 라고 말씀하신다. 다행히 잘 아는 선지식을 만난다면 사견에 떨어지는 일은 없을 것이다.

만일 구하는 마음에 달리 미워하고 사랑하는 마음을 내면 청정한 깨달음의 바다로는 충분히 들어가지를 못하느니라."

14 그때에 세존께서 거듭 이 뜻을 밝히고자 게송으로 읊으시었습니다.

淨業汝當知 정업아, 그대는 잘 알라
정 업 여 당 지

一切諸衆生 일체 모든 중생이
일 체 제 중 생

皆由執我愛 모두 나라고 하는 애착 때문에
개 유 집 아 애

無始妄流轉 시종 없이 허망한 생사에 유전하노라
무 시 망 유 전

未除四種相 먼저 네 가지 상을 제거하지 않고는
미 제 사 종 상

不得成菩提 보리를 이루지 못하느니라
부 득 성 보 리

愛憎生於心 미움과 사랑은 마음에서 생기고
애 증 생 어 심

諂曲存諸念
첨 곡 존 제 념
모든 망념은 왜곡된 생각에 있다

是故多迷悶
시 고 다 미 민
그런 고로 미민함이 많이 생겨서

不能入覺城
불 능 입 각 성
원각의 성 안으로 들 수가 없다

若能歸悟刹
약 능 귀 오 찰
즉각 깨달아 원각으로 돌아가자면

先去貪瞋癡
선 거 탐 진 치
우선 탐·진·치부터 멀리 보내라

法愛不存心
법 애 부 존 심
법을 아끼는 마음까지 남기지 말아야

漸次可成就
점 차 가 성 취
점차로 원각을 성취하리라

我身本不有
아 신 본 불 유
나란 이 몸도 본래 있는 것이 아닌데

憎愛何由生
증 애 하 유 생
어찌 증애심이 어디로부터 생기랴

是人求善友
차 인 구 선 우
이 사람이 좋은 선지식을 만나면

終不墮邪見
종 불 타 사 견
끝내 사견에 떨어지지 않으리라

所求別生心
소 구 별 생 심
교외별전으로 구하는 마음이 생기면

究竟非成就
구 경 비 성 취
끝내는 원각을 성취하지 못하리라

제10 보각보살장
第十 普覺菩薩章

그때에 보각보살이 대중 가운데 있다가 자리에 1
서 일어나 부처님 발에 정례를 하고 오른쪽으로 세
번 돌고는 꿇어앉아 양 손가락으로 깍지를 끼시고
부처님께 여쭈었습니다.

"대비하신 세존이시여, 참선하는 선병禪病을 흔쾌
히 말씀하시어서 저 모든 보살들로 하여금 선병을
쓸어버리는 미증유의 편안함을 얻게 하셨습니다.

세존이시여, 부처님께서 돌아가시고 세월이 지 2

나면 성현은 숨어 버리고 삿된 사도의 법이 더욱 치성할 것입니다. 이런 때에 말세의 모든 중생들이 마땅히 어떠한 사람을 구해야 하며, 무슨 법에 의지해야 하며, 어떤 수행을 해야 하며, 무슨 병을 제거하고, 어떻게 발심을 해야만 저 눈먼 자들이 사견에 떨어지지 않게 하겠습니까?"

이 말을 마치고 오체를 땅에 던지면서 이렇게 세 번 청하기를 마치고 간절한 마음으로 부처님의 말씀을 기다렸습니다.

3   그때에 세존께서 보각보살에게 말씀하셨습니다.

"착하고 착하도다. 선남자야, 너희들이 이제 여래에게 이와 같은 수행의 방법을 물어서 말세의 일체중생에게 두려움이 없는 도안을 충분히 베풀어서 저 중생으로 하여금 성불하는 성도聖道를 이루게 하는구나. 마땅히 너희들을 위하여 설하리니, 이제 자세히 들어라."

그때에 보각보살이 가르침을 받들고 환희한 마음으로 대중들과 함께 조용히 세존의 설법을 기다렸습니다.

"선남자야, 말세 중생이 장차 거룩한 마음을 내 4 어 잘 아는 선지식을 구해서 수행을 하고자 하면, 마땅히 일체를 바르게 보는 지혜로운 사람을 구해야 한다. 정지견을 가진 사람은 일체 현상에 마음이 머물지 않고, 식심이 없어진 성문이나 마음의 근본 뿌리가 없어진 연각의 경계에 집착하지 않는다. 비록 티끌세상의 번거로운 모습을 나투어 보이나 마음은 항상 청정하다.

혹 많은 허물을 보이나 부처님의 계행을 잘 지키는 범행梵行을 찬탄한다. 그러므로 중생들로 하여금 계율을 어기지 못하게 한다. 이와 같은 자를 구하면 곧 아뇩다라삼먁삼보리를 얻는다.

5 말세 중생이 이와 같은 사람을 보거든 응당 공양하되 신명을 아끼지 말아야 한다. 저 선지식이 세상을 살아가면서 항상 청정함을 보이거나, 더 나아가 여러 가지 허물과 환난을 보이더라도 선남자들은 그에 대한 마음에 교만함이 없어야 하는데, 하물며 음식과 재물과 처자 권속에 대해서는 더 말할 것도 없다.

만일 세상에 선남자가 저 벗과 같은 선지식에게 나쁜 악념을 일으키지 아니하면, 곧 구경의 정각正覺을 능히 성취함으로 빛나는 마음을 발해서 시방세계를 두루 비추게 된다.

6 선남자야, 저 선지식이 증득한 묘법은 당연히 네 가지 병을 여의었다. 어떤 것이 네 가지 병인가?

첫째는 무엇을 하겠다는 작병作病이다.

만일 어떤 사람이 이와 같이 말하기를 '내가 본심本心으로 여러 가지 행위를 지어서 원각圓覺을 구한다고 하면 저 원각성圓覺性은 지어서 얻는 작득作得이 아니므로 병'이라고 말한다.

둘째는 맡겨 버리는 임병任病이다.

만일 어떤 사람이 이와 같이 말하기를 '내가 지금 생사를 끊지도 않고 열반을 구하지 않아도 저 열반과 생사에는 마음을 내고 말고 할 것도 없이 저 일체 모든 법성을 따름에만 맡기면 저절로 원각이 이루어진다고 하면, 저 원각성은 맡겨서 있는 임유任有가 아니므로 병'이라고 말한다.

셋째는 그만하겠다는 지병止病이다.

만일 어떤 사람이 이와 같이 말하기를 '내가 지금 내 마음에 영원히 모든 생각을 쉬게 해서 일체 성품이 고요하게 되는 평등함을 얻어 원각圓覺을 구한다고 하면, 저 원각성은 사념망상이 그쳐서 원각과 합하는 지합止合의 성질이 아니므로 병'이라 말한다.

넷째는 모든 것을 멸해 버리겠다고 하는 멸병滅病이다.

만일 어떤 사람이 이와 같이 말하기를 '내가 이제 일체 번뇌를 영원히 끊어서 신심身心이 필경에 텅 비어서 있는 바가 아무것도 없다. 하물며 육근의 육식인 근진根塵은 다 허망한 경계이니 일체가 영원히 고요히 멸함으로써 원각을 구하고자 한다고 하면, 저 원각성圓覺性은 고요한 모습인 적상寂相이 아니므로 병'이라고 말한다.

이런 네 가지 병을 여읜 자라야 곧 청정한 원각圓覺을 안다. 이렇게 구경의 원각을 보는 관觀을 짓는 자는 정관正觀이라고 하고, 만일 다르게 관觀을 짓는 자는 원각성을 삿되게 보는 사관자邪觀者라 말한다.

7   선남자야, 말세 중생이 수행하고자 하는 자는 응당 좋은 친구와 같은 선지식을 목숨이 다하도록 공

양하면서 섬겨야 한다.

저 선지식이 친근하게 가까이하고자 하거든 응당 교만심을 끊어야 하고, 만일 혹 멀리하더라도 당연히 성내는 원한을 품지 말아야 한다.

혹 법도에 맞고 맞지 않는 역순의 경계를 보이더라도 그는 마치 허공과 같아서 몸과 마음은 필경에는 다 평등하여서 모든 중생과 더불어 일심동체가 되어 있다. 그러므로 그 누구와도 한 몸과 다름이 없는 분임을 꼭 알아야 한다.

이와 같이 수행해야만 바야흐로 원각에 들어간다.

선남자야, 말세 중생이 성도하지 못하는 큰 이유 8 는 비롯함이 없는 때로부터 나다 남이다 하는 증애와 일체를 가지려는 소유욕 때문에 해탈을 얻지 못한다.

만일 어떤 사람이 원수를 보되 부모와 같이 하여 밉고 고운 두 마음이 없으면 곧 모든 병을 제거한 것이다. 저 모든 법 가운데에서 맞다 틀리다 하는 시시비비도 또한 이와 같다.

9   선남자야, 말세 중생이 원각을 구하고자 하면 응당 발심부터 하고 이와 같이 말해야 한다.

'허공에 있는 일체중생을 모두 다 내가 필경에 두루 깨닫는 원각으로 들어가게 하지만 저 원각을 구하는 자들 중에서 나는 원각을 깨달았다고 말하는 자가 있을 수 없다. 그것은 아상과 인상과 일체 모든 모습인 중생상을 모두 제거하였기 때문이다.'

이와 같이 알고 발심을 하게 되면 절대로 사견에 떨어지지 않느니라."

10   그때에 세존께서 거듭 이 뜻을 밝히시고자 게송으로 읊으시었습니다.

普覺汝當知 보각아, 너는 잘 알라
보 각 여 당 지

末世諸衆生
말세제중생
말세의 모든 중생이

欲求善知識
욕구선지식
선지식을 구하려 하면

應當求正覺
응당구정각
응당 정각자를 구하고

心遠二乘者
심원이승자
마음으로 이승자를 멀리하라

法中除四病
법중제사병
법 가운데 네 가지 병은

謂作止任滅
위작지임멸
작·지·임·멸이라 한다

親近無驕慢
친근무교만
선지식은 가까워도 교만치 말고

遠離無瞋恨
원리무진한
떠나도 원망치 말라

見種種境界
견종종경계
갖가지 경계 보여도

心當生希有
심당생희유
당연히 희유한 마음 내어

還如佛出世
환여불출세
부처님 오신 듯이 모셔라

不犯非律儀
불범비율의
계율과 위의를 범치 않아

戒根永淸淨
계근영청정
계근은 영영 청정하리라

度一切衆生
도일체중생
중생을 모두 제도하고

究竟入圓覺
구경입원각
마침내 원각에 든다

無彼我人相
무피아인상
아상 인상을 씀이 없고

常依止智慧
상의지지혜
늘 지혜에 의지해 머물면

便得超邪見　문득 사견을 초월해서
변 득 초 사 견

證覺般涅槃　원각을 증득해 반열반하리라
증 각 반 열 반

제11 원각보살장
第十一 圓覺菩薩章

그때에 원각보살이 대중 가운데에 있다가 자리 ¹에서 일어나 부처님 발에 정례를 하고 오른쪽으로 세 번 돌고는 꿇어앉아 두 손가락으로 깍지를 끼시고 부처님께 여쭈었습니다.

"대비하신 세존이시여, 저희들을 위하여 밝은 깨달음을 얻는 여러 가지 방편을 설명하시어서 말세 중생들이 큰 이로움을 많이 얻도록 하셨습니다.

세존이시여, 저희들은 이제 깨달음을 얻었으나 ²

장차 부처님이 입멸하신 후에 말세 중생으로서 깨닫지 못한 자들을 어떻게 하면 편안한 마음을 가지고 저 원각의 청정한 경계를 닦게 하겠습니까?

저 원각으로 들어가는 수행에 있어서 처음 세 가지로 닦는 청정한 관법은 무엇입니까?

원컨대 대비로 모든 대중과 말세 중생을 위하여 큰 이로움이 되는 바를 베풀어 주십시오."

이 말을 마치고 오체를 땅에 던지면서 이렇게 세 번을 청하고 간절한 마음으로 세존의 말씀을 기다렸습니다.

3   그때에 세존께서 원각보살에게 말씀하셨습니다.

"착하고 착하도다. 선남자야, 너희들이 이제 여래에게 이와 같은 수행의 방편을 물어서 모든 중생에게 큰 이익을 베풀려고 하는구나. 마땅히 너희들을 위하여 설명하리니 이제 자세히 들어라."

그때에 원각보살이 가르침을 받들고 대중들과 함께 넘치는 기쁨으로 조용히 부처님의 말씀을 기다렸습니다.

"선남자야, 일체중생이 부처님이 세상에 머물 때 4 나 부처님이 입멸을 하신 뒤 말법시대라 하더라도 성불을 하겠다는 대승심을 가지고 부처님의 비밀한 대원각심을 믿고서 수행하고자 한다면 만약 절에 있게 되거든 대중과 함께 수행을 해야 한다.

만약 여의치 못한 사연이 있으면 형편에 따라 잘 생각해 보고 내가 이미 설명한 대로 수행을 해라. 만일 특별한 일이 없으면 곧 수행할 도량을 세우고 언제까지 수행을 하겠다는 기한을 꼭 정해야 한다. 만일 수행의 기간이 장기간이면 120일이고 중기간이면 100일이고 하기간은 80일이다.

이렇게 기한을 정해 놓고 편안한 안처에서 정한 계율을 잘 지키면서 편안한 마음으로 머물러 있어야 한다.

5 만일 부처님이 살아 계시면 자연히 바르게 사유를 하게 되지만 부처님이 입멸하신 후에는 부처님의 형상을 조성해서 모셔놓고 실제로 여래께서 세상에 상주하시던 때와 같이 부처님을 생각하여라.

불당에는 여러 가지 깃발이나 화환으로 장엄하고 21일 동안 기도하라. 기도할 때는 시방 제불의 명호를 부르고 경문을 외우며 절을 올리면서 슬피 참회하는 마음으로 바른 깨달음을 얻겠다는 발원을 하여라.

그렇게 기도를 하다 보면 부처님의 가피력을 얻게 된다. 가피력을 받으면 자연히 몸은 가볍고 마음은 지극히 편안함을 얻게 된다.

21일 동안 한결같이 사념망상을 고요한 침묵 속

으로 거두어들여야 한다.

만일 여름 한 철을 지나서 석 달 동안 안거할 때 6
는 꼭 청정한 보살들이 꼼짝 않고 앉아 있는 지주
법止住法을 따라야 한다. 마음으로는 성문의 법도
를 버리고 대중생활의 법도에 구애도 되지 말아야
한다.

다만 안거일이 되면 불전에서 이와 같이 발원을
하라.

'비구 비구니 우바새 우바이인 저 아무개는 등
각 보살의 각성을 타고 적멸로 가는 수행을 닦겠습
니다. 모두 함께 청정한 실상의 묘각으로 들어가서
대원각을 나의 가람으로 삼겠습니다. 신심이 일체
가 한결같이 평등한 각성의 지혜 평등성지平等性智
에 안거하면서 마음 없음의 열반자성涅槃自性 그 어
디에도 얽매임이 없겠습니다. 이제 제가 공경하는
마음으로 간청하옵니다. 성문의 법을 의지하지도

아니 하고 반드시 시방 여래와 대보살과 더불어 석 달을 안거합니다.

이번 기회가 보살의 무상묘각을 닦는 큰 인연이 되었기 때문에 수행하는 무리들 중에도 얽매이지 않겠습니다.'

7 선남자야, 이것을 보살이 안거를 시현하는 법이라고 말한다. 세 가지 기일이 다 지나가면 어디를 오고가나 조금도 구애되지 않는다.

선남자야, 만일 저 말세에서 수행하는 중생이 보살도를 구하여 세 가지 기한에 들어가는 자는 수행 중에 혹 어떤 경계가 나타나더라도 반드시 부처님이 설하신 법에서 들은 바 일체의 경계가 아니면 끝내 취하지 말아야 한다.

8 선남자야, 만일 모든 중생이 우주적인 고요 속으

로 녹아드는 사마타를 닦으려면 먼저 지극히 고요한 지정至靜 속으로 녹아들어야 한다.

사념망상을 고요함 속으로 침몰시켜서 그 고요함이 지극에 달하게 되면 홀연히 깨달음이 일어난다.

이와 같이 처음에는 일신에서 시작한 고요함이 한 세계에 도달하게 되면 그 깨달음인 각覺도 또한 한 세계에 가득해진다.

선남자야, 만일 각覺이 한 세계에 두루 가득 차면 한 세계 가운데에 있는 중생이 일으키고 있는 한 생각까지도 모두 다 알게 된다.

지극한 고요가 백천의 세계에 가득하면 또한 백천 세계의 중생의 마음을 다 안다.

이와 같은 어떤 경계가 나타나더라도 저 부처님의 설법에서 들은 바와 같은 경계가 아니면 반드시 취하지 말아야 한다.

선남자야, 만일 모든 중생이 삼마발제를 닦으려 9

면 먼저 꼭 시방 여래와 시방세계 일체 보살이 여러 가지 방편의 문을 의지해서 수행하였음을 기억해 두어야 한다.

수행하는 여러 가지 문을 점차로 닦아서 삼매를 부지런히 닦을 때에는 누구나 무척 고생을 많이 하고 나서 도를 얻는다.

또한 널리 중생 구제의 대원을 내고 스스로 닦고 익혀서 불종성·보살종성 등의 종자를 이룬다.

저 모든 여러 가지 경계가 부처님의 설법에서 들은 바와 같은 경계가 아니면 반드시 취하지를 말아야 한다.

10 선남자야, 만일 모든 중생이 선나를 닦으려면 먼저 들숨 날숨을 세는 수문數門을 취해서 마음으로 서서히 쉬는 들숨 날숨을 하나로 한다. 이렇게 열 번을 마음속으로 헤아릴 때에 숨이 처음 일어났다가 머물다가 점점 변하면서 마침내 사라지는 생주

이멸生住異滅을 주시하되 처음 들숨이 폐에서 잠깐 머물다가 다시 서서히 나오는 날숨이 폐 밖으로 나와서도 잠깐 머물다가 마침내 소멸되는 호흡의 분단을 촘촘히 하나에서 열까지 세고는 다시 하나로 반복하는 분제두수分齊頭數를 초롱초롱한 각성으로 세면서 호흡을 지켜보고 느낀다. 절대로 들숨 날숨을 의식적으로 숨을 쉬어서는 아니된다. 그냥 호흡을 느끼기만 하면 된다.

이와 같이 사념도 일어나서 머물다가 변이되면서 서서히 사라지는 사위의四威儀 중에서 분별하는 생각의 수효를 다 요지하여라.

이렇게 점차로 증진해서 나아가면 마침내 백천 세계에 내린 빗방울의 수효까지도 모두 다 알게 된다. 마치 사용하는 물건을 실제 눈으로 보듯 한다.

혹 어떤 경계가 나타나더라도 저 부처님의 설법에서 들은 바가 아니면 일체 취하지 말아야 한다.

11   이렇게 하는 것을 삼관을 처음으로 닦는 방편이라고 한다.

만약 모든 중생이 두루 삼종을 닦아 부지런히 수행하고 정진하는 사람은 곧 여래께서 세상에 출현하신 분이라 말한다.

12   만일 후말세에 근기가 약한 둔근 중생이 마음으로 도를 구하고자 하여도 성취하지 못하는 그것은 옛날 업장 때문이니 마땅히 부지런히 참회하여라.

먼저 남을 미워하고 사랑하는 증애와 투기를 해서 질투하는 첨곡된 마음부터 끊고 최상승의 깨달음을 항상 희망하라.

저 세 가지 깨끗한 관법 중에서 하나만 골라 가지고 수행을 해라. 그 관법에서 뜻을 이루지 못하거든 다시 다른 관법을 익혀라. 그래도 뜻과 같이 수행이 잘 안 된다고 해서 마음으로 포기하지 말고 점차로 닦고 익히면 반드시 증득을 하느니라."

그때에 세존이 거듭 이 뜻을 펴고자 게송으로 읊 ¹³ 으시었습니다.

圓覺汝當知 원각아 마땅히 알라
원 각 여 당 지

一切諸衆生 일체의 모든 중생이
일 체 제 중 생

欲求無上道 무상도를 구하려면
욕 구 무 상 도

先當結三期 먼저 삼기를 정해 놓고
선 당 결 삼 기

懺悔無始業 무시의 업장을 참회하라
참 회 무 시 업

經於三七日 삼칠일이 지난 연후에는
경 어 삼 칠 일

然後正思惟 바른 사유가 저절로 되리라
연 후 정 사 유

非彼所聞境 들은 바와 경계가 아니거든
비 피 소 문 경

畢竟不可取 필경에 취하지 말라
필 경 불 가 취

奢摩他至靜 지극히 고요한 사마타와
사 마 타 지 정

三摩淨憶持 삼마발제는 각성을 기억함이요
삼 마 정 억 지

禪那明數門 선나는 호흡을 세는 수문이로다
선 나 명 수 문

是名三靜觀 이 세 가지 이름이 정관이다
시 명 삼 정 관

若能勤修習 만약 부지런히 수습하면
약 능 근 수 습

是名佛出世
시명불출세
그 이름을 불출세라 한다

鈍根未成者
둔근미성자
둔근이라 성취 못하면

常當勤心懺
상당근심참
항상 부지런히 참회를 하라

無始一切罪
무시일체죄
비롯함 없는 일체 죄업이

諸障若銷滅
제장약소멸
소멸되면 모든 장애도 없어서

佛境便現前
불경변현전
부처님의 경계가 앞에 나타나리라

제12 현선수보살장
第十二 賢善首菩薩章

그때에 현선수보살이 대중 가운데 있다가 자리 ¹ 에서 일어나 부처님 발에 정례를 하고 오른쪽으로 세 번 돌고는 꿇어앉아 양손가락으로 깍지를 끼시고 부처님께 여쭈었습니다.

"대비하신 세존이시여, 저희들과 말세 중생을 위하여 이와 같은 부사의한 일을 말씀하셔서 널리 깨닫게 하셨습니다.

세존이시여, 이 대승교의 이름은 무엇이며 어떻게 받들어 가져야 하며 중생이 닦아 익히면 무슨 공덕을 얻으며 저희들이 경을 가진 사람을 어떻게 수호해야 하며 이 가르침을 널리 유포하면 어느 지위에 도달합니까?"

이 말을 마치고 오체를 땅에 던지면서 세 번 청하기를 마치고 간절한 마음으로 세존의 말씀을 기다렸습니다.

2   그때에 세존께서 현선수보살에게 말씀하셨습니다.

"착하고 착하도다. 선남자야, 너희들이 이제 충분히 모든 보살과 말세 중생을 위하여 여래에게 이 경의 가르침의 공덕과 경의 이름을 묻는구나. 당연히 너희들을 위하여 설하리니 이제 자세히 들어라."

그때에 현선수보살이 가르침을 받들고 환희한 마음으로 대중들과 함께 조용히 들었습니다.

"선남자야, 이 경은 백천만억 항하사 모든 부처 3
님께서도 다 설하셨고 삼세의 여래께서도 다 수호
하시는 경이다. 시방 보살들도 다 귀의하는 경이니
12부경을 보는 청정한 안목이 되는 경이다.

이 경의 이름은 대방광원각다라니大方廣圓覺多羅尼 4
라 하며, 또한 이름을 수다라요의修多羅了義라 하며,
또한 이름을 비밀왕삼매秘密王三昧라 하며, 또한 이
름이 여래결정경계如來決定境界이며, 또한 이름이 여
래장자성차별如來藏自性差別이니 네가 마땅히 받들
어 가질지니라.

선남자야, 이 경은 여래의 경계를 나투므로 오직 5
부처님 여래들만이 충분히 다 끝까지 설명해서 펼
수가 있다. 만일 모든 보살과 말세 중생들이 이 경
을 의지하여 수행하면 점차로 증진하여 부처의 지
위에 도달하게 된다.

6   선남자야, 이 경은 대승은 단박에 깨닫는 돈교대
승頓敎大乘이라 하나니 단박에 깨닫는 근기를 가진
중생이 이 가르침을 들으면 몰록 깨달음이 열리고,
또한 점점 닦아서 점차로 개오를 할 무리들도 성불
로 가는 도과의 품위를 다 얻는다.

비유하건대 대해大海는 크고 작은 개천의 물을
사양치 아니하고 다 받아들이듯 하고 더 나아가 모
기와 벌레 및 아수라까지도 그 물을 마시는 자는
다 충만을 얻는 것과 같다.

7   선남자야, 가령 어떤 사람이 삼천대천세계에 칠
보를 가득 쌓아서 일체중생에게 보시하였다 해도
어떤 사람이 이 경 이름과 경문의 한 구절의 뜻을
듣는 것만 같지 못하다.

8   선남자야, 가령 어떤 사람이 백천 항하사 중생을
가르쳐서 다 깨닫게 하고 또한 도과를 얻게 하여도

어떤 사람이 이 경을 설명하되 게송 반 구절을 분별하는 것만 같지 못하다.

선남자야, 만일 다시 어떤 사람이 이 경의 이름을 9
듣고 믿는 마음이 흔들리지 아니하면 마땅히 알라.
이 사람은 한 부처님이나 두 부처님에게 모든 복과
지혜의 덕을 심은 것이 아니고 이와 같이 더 나아
가 항하사 일체 부처님의 처소에서 모든 선근을 심
었기 때문에 이 경의 가르침을 듣게 되는 것이다.

너희들 선남자야, 마땅히 말세에 이런 수행자를 10
보호해서 악마와 모든 외도들이 수행자의 신심을
괴롭힘으로 믿음이 흔들려서 타락하지 않도록 하
여라.”

그때에 세존께서 거듭 이 뜻을 밝히시려고 게송 11
으로 읊으시었습니다.

賢善首當知
현 선 수 당 지
현선수야, 마땅히 알라

是經諸佛說
시 경 제 불 설
이 경은 제불이 설했고

如來善護持
여 래 선 호 지
여래가 보호해 지키신다

十二部眼目
십 이 부 안 목
12부경의 안목으로서

名爲大方廣
명 위 대 방 광
대방광이라 이름 한다

圓覺多羅尼
원 각 다 라 니
두루한 깨달음을 밝힌 경으로

現如來境界
현 여 래 경 계
여래의 경계를 드러내었으니

依此修行者
의 차 수 행 자
의지해 수행하는 자

增進至佛地
증 진 지 불 지
증진해 불지로 가네

如海納百川
여 해 납 백 천
백천의 냇물이 바다로 들듯

飲者皆充滿
음 자 개 충 만
마신 자 모두 충만하리라

假使施七寶
가 사 시 칠 보
가령 칠보를 보시해서

積滿三千界
적 만 삼 천 계
삼천대천세계에 가득 채워도

不如聞此經
불 여 문 차 경
이 경을 들음만 못하고

若恒河沙衆
약 항 하 사 중
항하사 중생을 교화해서

皆得阿羅漢
개 득 아 라 한
나한과를 모두 얻게 하여도

不如宣半偈
불 여 선 반 게
반구 게 폄만 못하네

汝等於來世 너희 모두는 내세에
여 등 어 내 세

護是宣持者 경을 펴고 가진 자 수호해서
호 시 선 지 자

無令生退屈 물러섬이 없게 하여라
무 령 생 퇴 굴

이때에 모임 중에 있던 화수금강火首金剛과 최쇄 12 금강摧碎金剛과 니람바금강尼藍婆金剛 등 팔만 금강이 그들의 권속들과 함께 자리에서 일어나 부처님 발에 정례하고 오른쪽으로 세 번 돌고서 부처님께 사뢰었습니다.

"세존이시여, 만일 말세에 일체중생이 결정코 성불로 가는 원각경을 지니는 자가 있으면 저희가 당연히 안목을 보호하는 것과 같이 수호하겠습니다. 더 나아가 그들이 수행하는 도량까지 저희들 금강이 스스로 무리를 거느리고 가서 아침저녁으로 수호하겠습니다. 그렇게 해서 퇴전하지 않게 하겠습니다. 더 나아가 그 사람이 사는 집에까지도 영영

재앙과 장애가 없게 하겠습니다. 그리고 세상에 유행하는 역병도 소멸시키고 자연히 재보가 풍족하게 하여서 항상 부족한 것이 없도록 하겠습니다."

13　　그때에 대범천왕과 28천의 천왕들과 수미산왕과 호국 사천왕들이 자리에서 일어나 부처님 발에 정례하고 오른쪽으로 세 번 돌고는 부처님께 사뢰었습니다.

"세존이시여, 저희들도 또한 이 원각경을 지니는 사람들을 수호하여 항상 편안하고 행복하게 하여서 결정코 믿는 마음이 퇴전하지 않도록 하겠습니다."

14　　그때에 대력귀왕이 있었으니 그 이름이 길반다로 십만 귀왕과 같이 곧 자리에서 일어나서 부처님의 발에 정례하고 오른쪽으로 세 번 돌고는 부처님께 사뢰었습니다.

"세존이시여, 저희들도 또한 이 원각경을 지니는 사람을 수호하되 조석으로 시위해서 신행에 흔들림 없도록 하여서 퇴굴하는 일이 없게 하겠습니다. 그 사람이 거처하는 장소로부터 일 유순 안에 만일 어떤 귀신이 그 수행자의 경계를 침범하면 제가 벼락같이 그놈들을 박살을 내어서 가는 티끌로 만들겠습니다."

부처님께서 이 경을 설하여 마치시니 일체 보살 15 과 천룡과 팔부의 권속들과 모든 천왕과 범왕의 무리와 일체 대중이 부처님의 설법을 듣고 모두 크게 환희하며 믿고 받아 봉행하였습니다.

나무아미타불

천명일 합장

대방광원각수다라요의경
大方廣圓覺修多羅了義經

대방광원각수다라요의경
大方廣圓覺修多羅了義經

여시아문 일시 바가바 입어신통 대광명장
如是我聞 一時 婆伽婆 入於神通 大光明藏

삼매정수 일체여래 광엄주지 시제중생 청정
三昧正受 一切如來 光嚴住持 是諸衆生 清淨

각지 신심적멸 평등본제 원만시방 불이수순
覺地 身心寂滅 平等本際 圓滿十方 不二隨順

어불이경 현제정토 여대보살마하살 십만인
於不二境 現諸淨土 與大菩薩摩訶薩 十萬人

구 기명왈 문수사리보살 보현보살 보안보살
俱 其名曰 文殊師利菩薩 普賢菩薩 普眼菩薩

금강장보살 미륵보살 청정혜보살 위덕자재
金剛藏菩薩 彌勒菩薩 清淨慧菩薩 威德自在

보살 변음보살 정제업장보살 보각보살 원각
菩薩 辯音菩薩 淨諸業障菩薩 普覺菩薩 圓覺

보살 현선수보살등 이위상수 여제권속 개입
菩薩 賢善首菩薩等 而爲上首 與諸眷屬 皆入

삼매 동주여래 평등법회
三昧 同住如來 平等法會

문수보살장 제일
文殊菩薩章 第一

어시 문수사리보살 재대중중 즉종좌기 정례 [1]
於是 文殊師利菩薩 在大衆中 卽從座起 頂禮

불족 우요삼잡 장궤차수 이백불언
佛足 右繞三匝 長跪叉手 而白佛言

대비세존 원위차회 제래법중 설어여래 본기 [2]
大悲世尊 願爲此會 諸來法衆 說於如來 本起

청정 인지법행 급설보살 어대승중 발청정심
淸淨 因地法行 及說菩薩 於大乘中 發淸淨心

원리제병 능사미래 말세중생 구대승자 불타
遠離諸病 能使未來 末世衆生 求大乘者 不墮

사견 작시어이 오체투지 여시삼청 종이부시
邪見 作是語已 五體投地 如是三請 終而復始

이시 세존 고문수사리보살언 [3]
爾時 世尊 告文殊師利菩薩言

선재선재 선남자 여등내능 위제보살 자순여
善哉善哉 善男子 汝等乃能 爲諸菩薩 諮詢如

래 인지법행 급위말세 일체중생 구대승자
來 因地法行 及爲末世 一切衆生 求大乘者

득정주지 불타사견 여금체청 당위여설
得正住持 不墮邪見 汝今諦聽 當爲汝說

시 문수사리보살 봉교환희 급제대중 묵연이
時 文殊師利菩薩 奉教歡喜 及諸大衆 默然而

청
聽

4 선남자 무상법왕 유대다라니문 명위원각 유
善男子 無上法王 有大陀羅尼門 名爲圓覺 流

출일체 청정진여 보리열반 급바라밀 교수보
出一切 清淨眞如 菩提涅槃 及波羅蜜 教授菩

살 일체여래 본기인지 개의원조 청정각상
薩 一切如來 本起因地 皆依圓照 清淨覺相

영단무명 방성불도
永斷無明 方成佛道

운하무명 선남자 일체중생 종무시래 종종전 5
云何無明 善男子 一切衆生 從無始來 種種顚

도 유여미인 사방역처 망인사대 위자신상
倒 猶如迷人 四方易處 妄認四大 爲自身相

육진연영 위자심상 비피병목 견공중화 급제
六塵緣影 爲自心相 譬彼病目 見空中華 及第

이월
二月

선남자 공실무화 병자망집 유망집고 비유혹 6
善男子 空實無華 病者妄執 由妄執故 非唯惑

차 허공자성 역부미피 실화생처 유차망유
此 虛空自性 亦復迷彼 實華生處 由此妄有

윤전생사 고명무명
輪轉生死 故名無明

선남자 차무명자 비실유체 여몽중인 몽시비 7
善男子 此無明者 非實有體 如夢中人 夢時非

무 급지어성 요무소득 여중공화 멸어허공
無 及至於醒 了無所得 如衆空華 滅於虛空

불가설언 유정멸처 하이고 무생처고 일체중
不可說言 有定滅處 何以故 無生處故 一切衆

생 어무생중 망견생멸 시고설명 윤전생사
生 於無生中 妄見生滅 是故說名 輪轉生死

8 선남자 여래인지 수원각자 지시공화 즉무윤
善男子 如來因地 修圓覺者 知是空華 卽無輪

전 역무신심 수피생사 비작고무 본성무고
轉 亦無身心 受彼生死 非作故無 本性無故

9 피지각자 유여허공 지허공자 즉공화상 역불
彼知覺者 猶如虛空 知虛空者 卽空華相 亦不

가설 무지각성 유무구견 시즉명위 정각수순
可說 無知覺性 有無俱遣 是則名爲 淨覺隨順

10 하이고 허공성고 상부동고 여래장중 무기멸
何以故 虛空性故 常不動故 如來藏中 無起滅

고 무지견고 여법계성 구경원만 변시방고
故 無知見故 如法界性 究竟圓滿 遍十方故

시즉명위 인지법행
是 卽 名 爲　因 地 法 行

보살 인차 어대승중 발청정심 말세중생 의 ¹¹
菩 薩　因 此　於 大 乘 中　發 淸 淨 心　末 世 衆 生　依

차수행 불타사견
此 修 行　不 墮 邪 見

이시 세존 욕중선차의 이설게언　　　12
爾 時　世 尊　欲 重 宣 此 義　而 說 偈 言

문수여당지　일체제여래
文 殊 汝 當 知　一 切 諸 如 來

종어본인지　개이지혜각
從 於 本 因 地　皆 以 智 慧 覺

요달어무명　지피여공화
了 達 於 無 明　知 彼 如 空 華

즉능면유전　우여몽중인
卽 能 免 流 轉　又 如 夢 中 人

성시불가득　각자여허공
醒 時 不 可 得　覺 者 如 虛 空

평등부동전　각변시방계
平 等 不 動 轉　覺 遍 十 方 界

즉득성불도　중환멸무처
卽 得 成 佛 道　衆 幻 滅 無 處

성도역무득　본성원만고
成 道 亦 無 得　本 性 圓 滿 故

보살어차중　능발보리심
菩 薩 於 此 中　能 發 菩 提 心

말세제중생　수차면사견
末 世 諸 衆 生　修 此 免 邪 見

보현보살장 제이
普賢菩薩章 第二

어시 보현보살 재대중중 즉종좌기 정례불족 [1]
於 是 普 賢 菩 薩 在 大 衆 中 卽 從 座 起 頂 禮 佛 足

우요삼잡 장궤차수 이백불언
右 繞 三 匝 長 跪 叉 手 而 白 佛 言

대비세존 원위차회 제보살중 급위말세 일체 [2]
大 悲 世 尊 願 爲 此 會 諸 菩 薩 衆 及 爲 末 世 一 切

중생 수대승자 문차원각 청정경계 운하수행
衆 生 修 大 乘 者 聞 此 圓 覺 淸 淨 境 界 云 何 修 行

세존 약피중생 지여환자 신심역환 운하이환
世 尊 若 彼 衆 生 知 如 幻 者 身 心 亦 幻 云 何 以 幻

환수어환 약제환성 일체진멸 즉무유심 수위
還 修 於 幻 若 諸 幻 性 一 切 盡 滅 則 無 有 心 誰 爲

수행 운하부설 수행여환 약제중생 본불수행
修 行 云 何 復 說 修 行 如 幻 若 諸 衆 生 本 不 修 行

어생사중 상거환화 증불료지 여환경계 영망
於 生 死 中 常 居 幻 化 曾 不 了 知 如 幻 境 界 令 妄

상심 운하해탈 원위말세 일체중생 작하방편
想心 云何解脫 願爲末世 一切衆生 作何方便

점차수습 영제중생 영리제환
漸次修習 令諸衆生 永離諸幻

작시어이 오체투지 여시삼청 종이부시
作是語已 五體投地 如是三請 終而復始

3 이시 세존 고보현보살언
爾時 世尊 告普賢菩薩言

선재선재 선남자 여등내능 위제보살 급말세
善哉善哉 善男子 汝等乃能 爲諸菩薩 及末世

중생 수습보살 여환삼매 방편점차 령제중생
衆生 修習菩薩 如幻三昧 方便漸次 令諸衆生

득리제환 여금체청 당위여설
得離諸幻 汝今諦聽 當爲汝說

시 보현보살 봉교환희 급제대중 묵연이청
時 普賢菩薩 奉敎歡喜 及諸大衆 默然而聽

4 선남자 일체중생 종종환화 개생여래 원각묘
善男子 一切衆生 種種幻化 皆生如來 圓覺妙

심 유여공화 종공이유 환화수멸 공성불괴
心 猶如空華 從空而有 幻華雖滅 空性不壞

중생환심 환의환멸 제환진멸 각심부동
衆生幻心 還依幻滅 諸幻盡滅 覺心不動

의환설각 역명위환 약설유각 유미리환 설무
依幻說覺 亦名爲幻 若說有覺 猶未離幻 說無

각자 역부여시 시고환멸 명위부동
覺者 亦復如是 是故幻滅 名爲不動

선남자 일체보살 급말세중생 응당원리 일체 5
善男子 一切菩薩 及末世衆生 應當遠離 一切

환화 허망경계 유견집지 원리심고 심여환자
幻化 虛妄境界 由堅執持 遠離心故 心如幻者

역부원리 원리위환 역부원리 이원리환 역부
亦復遠離 遠離爲幻 亦復遠離 離遠離幻 亦復

원리 득무소리 즉제제환
遠離 得無所離 卽除諸幻

비여찬화 양목상인 화출목진 회비연멸 이환
譬如鑽火 兩木相因 火出木盡 灰飛煙滅 以幻

수환 역부여시 제환수진 불입단멸
修幻 亦復如是 諸幻雖盡 不入斷滅

6 선남자 여환즉리 부작방편 이환즉각 역무점
善男子 如幻卽離 不作方便 離幻卽覺 亦無漸

차 일체보살 급말세중생 의차수행 여시내능
次 一切菩薩 及末世衆生 依此修行 如是乃能

영리제환
永離諸幻

7 이시 세존 욕중선차의 이설게언
爾時 世尊 慾重宣此義 而說偈言

보현여당지　일체제중생
普賢汝當知　一切諸衆生

무시환무명　개종제여래
無始幻無明　皆從諸如來

원각심건립　유여허공화
圓覺心建立　猶如虛空華

의공이유상　공화약부멸
依空而有相　空華若復滅

허공본부동　환종제각생
虛空本不動　幻從諸覺生

환멸각원만 각심부동고
幻滅覺圓滿　覺心不動故

약피제보살 급말세중생
若彼諸菩薩　及末世衆生

상응원리환 제환실개리
常應遠離幻　諸幻悉皆離

여목중생화 목진화환멸
如木中生火　木盡火還滅

각즉무점차 방편역여시
覺則無漸次　方便亦如是

보안보살장 제삼
普眼菩薩章 第三

어시 보안보살 재대중중 즉종좌기 정례불족 [1]
於是 普眼菩薩 在大衆中 卽從座起 頂禮佛足

우요삼잡 장궤차수 이백불언
右繞三匝 長跪叉手 而白佛言

대비세존 원위차회 제보살중 급위말세 일체 [2]
大悲世尊 願爲此會 諸菩薩衆 及爲末世 一切

중생 연설보살 수행점차 운하사유 운하주지
衆生 演說菩薩 修行漸次 云何思惟 云何住持

중생미오 작하방편 보령개오
衆生未悟 作何方便 普令開悟

세존 약피중생 무정방편 급정사유 문불여래
世尊 若彼衆生 無正方便 及正思惟 聞佛如來

설차삼매 심생미민 즉어원각 불능오입 원흥
說此三昧 心生迷悶 則於圓覺 不能悟入 願興

자비 위아등배 급말세중생 가설방편
慈悲 爲我等輩 及末世衆生 假說方便

작시어이 오체투지 여시삼청 종이부시
作是語已 五體投地 如是三請 終而復始

이시 세존 고보안보살언
爾時 世尊 告普眼菩薩言

3 선재선재 선남자 여등내능 위제보살 급말세
善哉善哉 善男子 汝等乃能 爲諸菩薩 及末世

중생 문어여래 수행점차 사유주지 내지가설
衆生 問於如來 修行漸次 思惟住持 乃至假說

종종방편 여금체청 당위여설
種種方便 汝今諦聽 當爲汝說

시 보안보살 봉교환희 급제대중 묵연이청
時 普眼菩薩 奉敎歡喜 及諸大衆 默然而聽

4 선남자 피신학보살 급말세중생 욕구 여래정
善男子 彼新學菩薩 及末世衆生 欲求 如來淨

원각심 응당정념 원리제환 선의여래 사마타
圓覺心 應當正念 遠離諸幻 先依如來 奢摩他

행 견지금계 안처도중 연좌정실 항작시념
行 堅持禁戒 安處徒衆 宴坐靜室 恒作是念

아금차신 사대화합 소위 발모조치 피육근골
我今此身 四大和合 所謂 髮毛爪齒 皮肉筋骨

수뇌구색 개귀어지 타체농혈 진액연말 담루
髓腦垢色 皆歸於地 唾涕膿血 津液涎沫 痰淚

정기 대소변리 개귀어수 난기귀화 동전귀풍
精氣 大小便利 皆歸於水 煖氣歸火 動轉歸風

사대각리 금자망신 당재하처
四大各離 今者妄身 當在何處

즉지차신 필경무체 화합위상 실동환화 사연
卽知此身 畢竟無體 和合爲相 實同幻化 四緣

가합 망유육근 육근사대 중외합성 망유연기
假合 妄有六根 六根四大 中外合成 妄有緣氣

어중적취 사유연상 가명위심
於中積聚 似有緣相 假名爲心

선남자 차허망심 약무육진 즉불능유 사대분
善男子 此虛妄心 若無六塵 則不能有 四大分

해 무진가득 어중연진 각귀산멸 필경무유
解 無塵可得 於中緣塵 各歸散滅 畢竟無有

연심가견
緣心可見

5 선남자 피지중생 환신멸고 환심역멸 환심멸
善男子 彼之衆生 幻身滅故 幻心亦滅 幻心滅

고 환진역멸 환진멸고 환멸역멸 환멸멸고
故 幻塵亦滅 幻塵滅故 幻滅亦滅 幻滅滅故

비환불멸 비여마경 구진명현
非幻不滅 譬如磨鏡 垢盡明現

선남자 당지신심 개위환구 구상영멸 시방청
善男子 當知身心 皆爲幻垢 垢相永滅 十方淸

정
淨

6 선남자 비여청정 마니보주 영어오색 수방각
善男子 比如淸淨 摩尼寶珠 映於五色 隨方各

현 제우치자 견피마니 실유오색 선남자 원
現 諸愚癡者 見彼摩尼 實有五色 善男子 圓

각정성 현어신심 수류각응 피우치자 설정원
覺淨性 現於身心 隨類各應 彼愚癡者 說淨圓

각 실유여시 신심자상 역부여시 유차불능
覺 實有如是 身心自相 亦復如是 由此不能

원어환화 시고아설 신심환구 대리환구 설명
遠於幻化 是故我說 身心幻垢 對離幻垢 說名

보살 구진대제 즉무대구 급설명자
菩薩 垢盡對除 卽無對垢 及說名者

선남자 차보살 급말세중생 증득제환 멸영상 ⁷
善男子 此菩薩 及末世衆生 證得諸幻 滅影像

고 이시변득 무방청정 무변허공 각소현발
故 爾時便得 無方淸淨 無邊虛空 覺所顯發

각원명고 현심청정 심청정고 견진청정 견청 ⁸
覺圓明故 顯心淸淨 心淸淨故 見塵淸淨 見淸

정고 안근청정 근청정고 안식청정 식청정고
淨故 眼根淸淨 根淸淨故 眼識淸淨 識淸淨故

문진청정 문청정고 이근청정 근청정고 이식
聞塵淸淨 聞淸淨故 耳根淸淨 根淸淨故 耳識

청정 식청정고 각진청정 여시내지 비설신의
淸淨 識淸淨故 覺塵淸淨 如是乃至 鼻舌身意

역부여시
亦復如是

9

선남자 근청정고 색진청정 색청정고 성진청
善男子 根清淨故 色塵清淨 色清淨故 聲塵清

정 향미촉법 역부여시 선남자 육진청정고
淨 香味觸法 亦復如是 善男子 六塵清淨故

지대청정 지청정고 수대청정 화대풍대 역부
地大清淨 地清淨故 水大清淨 火大風大 亦復

여시 선남자 사대청정고 십이처십팔계 이십
如是 善男子 四大清淨故 十二處十八界 二十

오유청정 피청정고 십력 사무소외 사무애지
五有清淨 彼清淨故 十力 四無所畏 四無碍智

불십팔불공법 삼십칠조도품 청정 여시내지
佛十八不共法 三十七助道品 清淨 如是乃至

팔만사천다라니문 일체청정
八萬四千陀羅尼門 一切清淨

선남자 일체실상 성청정고 일신청정 일신청
善男子 一切實相 性清淨故 一身清淨 一身清

정고 다신청정 다신청정고 여시내지 시방중
淨故 多身清淨 多身清淨故 如是乃至 十方衆

생 원각청정 선남자 일세계 청정고 다세계
生 圓覺清淨 善男子 一世界 清淨故 多世界

청정 다세계 청정고 여시내지 진어허공 원
清淨 多世界 清淨故 如是乃至 盡於虛空 圓

리삼세 일체평등 청정부동
裏三世 一切平等 清淨不動

선남자 허공여시 평등부동 당지각성 평등부 ¹¹
善男子 虛空如是 平等不動 當知覺性 平等不

동 사대부동고 당지각성 평등부동 여시내지
動 四大不動故 當知覺性 平等不動 如是乃至

팔만사천다라니문 평등부동 당지각성 평등
八萬四千陀羅尼門 平等不動 當知覺性 平等

부동
不動

선남자 각성변만 청정부동 원무제고 당지육 ¹²
善男子 覺性遍滿 清淨不動 圓無際故 當知六

근 변만법계 근변만고 당지육진 변만법계
根 遍滿法界 根遍滿故 當知六塵 遍滿法界

진변만고 당지사대 변만법계 여시내지 다라
塵遍滿故 當知四大 遍滿法界 如是乃至 陀羅

니문 변만법계 선남자 유피묘각 성변만고
尼 門 遍 滿 法 界 善 男 子 由 彼 妙 覺 性 遍 滿 故

근성진성 무괴무잡 근진무괴고 여시내지 다
根 性 塵 性 無 壞 無 雜 根 塵 無 壞 故 如 是 乃 至 陀

라니문 무괴무잡 여백천등 광조일실 기광변
羅 尼 門 無 壞 無 雜 如 百 千 燈 光 照 一 室 其 光 遍

만 무괴무잡
滿 無 壞 無 雜

13 선남자 각성취고 당지보살 불여법박 불구
善 男 子 覺 成 就 故 當 知 菩 薩 不 與 法 縛 不 求

법탈 불염생사 불애열반 불경지계 부증훼금
法 脫 不 厭 生 死 不 愛 涅 槃 不 敬 持 戒 不 憎 毀 禁

부중구습 불경초학 하이고 일체각고 비여안
不 重 久 習 不 輕 初 學 何 以 故 一 切 覺 苦 譬 如 眼

광 효료전경 기광원만 득무증애 하이고 광
光 曉 了 前 境 其 光 圓 滿 得 無 憎 愛 何 以 故 光

체무이 무증애고
體 無 二 無 憎 愛 故

선남자 차보살 급말세중생 수습차심 득성취 14
善男子 此菩薩 及末世衆生 修習此心 得成就

자 어차무수 역무성취 원각보조 적멸무이
者 於此無修 亦無成就 圓覺普照 寂滅無二

어중 백천만억 아승지 불가설 항하사 제불
於中 百千萬億 阿僧祇 不可說 恒河沙 諸佛

세계 유여공화 난기난멸 부즉불리 무박무탈
世界 猶如空華 亂起亂滅 不卽不離 無縛無脫

시지중생 본래성불 생사열반 유여작몽
始知衆生 本來成佛 生死涅槃 猶如昨夢

선남자 여작몽고 당지생사 급여열반 무기무 15
善男子 如昨夢故 當知生死 及與涅槃 無起無

멸 무래무거 기소증자 무득무실 무취무사
滅 無來無去 其所證者 無得無失 無取無捨

기능증자 무작무지 무임무멸 어차증중 무능
其能證者 無作無止 無任無滅 於此證中 無能

무소 필경무증 역무증자 일체법성 평등불괴
無所 畢竟無證 亦無證者 一切法性 平等不壞

16 선남자 피제보살 여시수행 여시점차 여시사
善男子 彼諸菩薩 如是修行 如是漸次 如是思

유 여시주지 여시방편 여시개오 구여시법
惟 如是住持 如是方便 如是開悟 求如是法

역불미민
亦不迷悶

17 이시 세존 욕중선차의 이설게언
爾時 世尊 欲重宣此義 而設偈言

보안여당지 일체제중생
普眼汝當知 一切諸衆生

신심개여환 신상속사대
身心皆如幻 身相屬四大

심성귀육진 사대체각리
心性歸六塵 四大體各離

수위화합자 여시점수행
誰爲和合者 如是漸修行

일체실청정 부동변법계
一切悉淸淨 不動遍法界

무작지임멸　역무능증자
無 作 止 任 滅　亦 無 能 證 者

일체불세계　유여허공화
一 切 佛 世 界　猶 如 虛 空 華

삼세실평등　필경무래거
三 世 悉 平 等　畢 竟 無 來 去

초발심보살　급말세중생
初 發 心 菩 薩　及 末 世 衆 生

욕구입불도　응여시수습
欲 求 入 佛 道　應 如 是 修 習

금강장보살장 제사
金剛藏菩薩章 第四

어시 금강장보살 재대중중 즉종좌기 정례불 [1]
於是 金剛藏菩薩 在大衆中 卽從座起 頂禮佛

족 우요삼잡 장궤차수 이백불언
足 右繞三匝 長跪叉手 而白佛言

대비세존 선위일체 제보살중 선양여래 원각
大悲世尊 善爲一切 諸菩薩衆 宣揚如來 圓覺

청정 대다라니 인지법행 점차방편 여제중생
淸淨 大陀羅尼 因地法行 漸次方便 與諸衆生

개발몽매 재회법중 승불자회 환예낭연 혜목
開發蒙昧 在會法衆 承佛慈誨 幻翳朗然 慧目

청정
淸淨

세존 약제중생 본래성불 하고부유 일체무명 [2]
世尊 若諸衆生 本來成佛 何故復有 一切無名

약제무명 중생본유 하인연고 여래부설 본래
若 諸 無 明 衆 生 本 有 何 因 緣 故 如 來 復 說 本 來

성불 시방이생 본성불도 후기무명 일체여래
成 佛 十 方 異 生 本 成 佛 道 後 起 無 明 一 切 如 來

하시부생 일체번뇌 유원불사 무차대자 위제
何 時 復 生 一 切 煩 惱 唯 願 不 捨 無 遮 大 慈 爲 諸

보살 개비밀장 급위말세 일체중생 득문여시
菩 薩 開 秘 密 藏 及 爲 末 世 一 切 衆 生 得 聞 如 是

수다라교 요의법문 영단의회
修 多 羅 敎 了 義 法 門 永 斷 疑 悔

작시어이 오체투지 여시삼청 종이부시
作 是 語 已 五 體 投 地 如 是 三 淸 終 而 復 始

3 이시 세존 고금강장보살언
爾 時 世 尊 告 金 剛 藏 菩 薩 言

선재선재 선남자 여등내능 위제보살 급말세
善 哉 善 哉 善 男 子 汝 等 乃 能 爲 諸 菩 薩 及 末 世

중생 문어여래 심심비밀 구경방편 시제보살
衆 生 問 於 如 來 甚 深 秘 密 究 竟 方 便 是 諸 菩 薩

최상교회 요의대승 능사시방 수학보살 급제
最 上 敎 誨 了 義 大 乘 能 使 十 方 修 學 菩 薩 及 諸

말세 일체중생 득결정신 영단의회 여금체청
末世 一切衆生 得決定信 永斷疑悔 汝今諦聽

당위여설
當爲汝說

시 금강장보살 봉교환희 급제대중 묵연이청
時 金剛藏菩薩 奉敎歡喜 及諸大衆 默然而聽

선남자 일체세계 시종생멸 전후유무 취산 4
善男子 一切世界 始終生滅 前後有無 聚散

기지 염념상속 순환왕복 종종취사 개시윤회
起止 念念相續 循環往復 種種取捨 皆是輪廻

미출윤회 이변원각 피원각성 즉동유전 약면
未出輪廻 而辨圓覺 彼圓覺性 卽同流轉 若免

윤회 무유시처 비여동목 능요담수 우여정안
輪廻 無有是處 譬如動目 能搖湛水 又如定眼

유회전화 운사월운 주행안이 역부여시
猶廻轉火 雲駛月運 舟行岸移 亦復如是

선남자 제선미식 피물선주 상불가득 하황윤
善男子 諸旋未息 彼物先主 尙不可得 何況輪

전 생사구심 증미청정 관불원각 이불선복
轉 生死垢心 曾未清淨 觀佛圓覺 而不旋復

시고여등 변생삼혹
是 故 汝 等　便 生 三 惑

5 선남자 비여환예 망견공화 환예약제 불가설
善 男 子　譬 如 幻 翳　妄 見 空 華　幻 翳 若 除　不 可 說

언 차예이멸 하시갱기 일체제예 하이고 예
言　此 翳 已 滅　何 時 更 起　一 切 諸 翳　何 以 故　翳

화이법 비상대고 역여공화 멸어공시 불가설
華 二 法　非 相 待 故　亦 如 空 華　滅 於 空 時　不 可 說

언 허공하시 갱기공화 하이고 공본무화 비
言　虛 空 何 時　更 起 空 華　何 以 故　空 本 無 華　非

기멸고 생사열반 동어기멸 묘각원조 이어화
起 滅 故　生 死 涅 槃　同 於 起 滅　妙 覺 圓 照　離 於 華

예
翳

6 선남자 당지허공 비시잠유 역비잠무 황부여
善 男 子　當 知 虛 空　非 是 暫 有　亦 非 暫 無　況 復 如

래 원각수순 이위허공 평등본성
來　圓 覺 隨 順　而 爲 虛 空　平 等 本 性

선남자 여소금광 금비소유 기이성금 부중위
善男子 如銷金鑛 金非銷有 既已成金 不重爲

광 경무궁시 금성불괴 불응설언 본비성취
鑛 經無窮時 金性不壞 不應說言 本非成就

여래원각 역부여시
如來圓覺 亦復如是

선남자 일체여래 묘원각심 본무보리 급여열 7
善男子 一切如來 妙圓覺心 本無菩提 及與涅

반 역무성불 급불성불 무망윤회 급비윤회
槃 亦無成佛 及不成佛 無妄輪廻 及非輪廻

선남자 단제성문 소원경계 신심어언 개실단 8
善男子 但諸聲聞 所圓境界 身心語言 皆悉斷

멸 종불능지 피지친증 소현열반 하황능이
滅 終不能至 彼之親證 所現涅槃 何況能以

유사유심 측도여래 원각경계 여취형화 소수
有思惟心 測度如來 圓覺境界 如取螢火 燒須

미산 종불능착 이윤회심 생윤회견 입어여래
彌山 終不能着 以輪廻心 生輪廻見 入於如來

대적멸해 종불능지 시고아설 일체보살 급말
大寂滅海 終不能至 是故我說 一切菩薩 及末

세중생 선단무시 윤회근본
世衆生 先斷無始 輪廻根本

9 선남자 유작사유 종유심기 개시육진 망상연
善男子 有作思惟 從有心起 皆是六塵 妄想緣

기 비실심체 이여공화 용차사유 변어불경
起 非實心體 已如空華 用此思惟 辨於佛境

유여공화 부결공과 전전망상 무유시처 선남
猶如空華 復結空果 展轉妄想 無有是處 善男

자 허망부심 다제교견 불능성취 원각방편
子 虛妄浮心 多諸巧見 不能成就 圓覺方便

여시분별 비위정문
如是分別 非爲正問

10 이시 세존 욕중선차의 이설게언
爾時 世尊 欲重宣此義 而說偈言

금강장당지 여래적멸성
金剛藏當知 如來寂滅性

미증유종시 약이윤회심
未曾有終始 若以輪廻心

사유즉선복 단지윤회제
思惟卽族復 但至輪廻際

불능입불해 비여소금광
不能入佛海 譬如銷金鑛

금비소고유 수부본래금
金非銷故有 雖復本來金

종이소성취 일성진금체
終以銷成就 一成眞金體

불부중위광 생사여열반
不復重爲鑛 生死與涅槃

범부급제불 동위공화상
凡夫及諸佛 同爲空華相

사유유환화 하황힐허망
思惟猶幻化 何況詰虛妄

약능료차심 연후구원각
若能了此心 然後求圓覺

미륵보살장 제오
彌勒菩薩章 第五

어시 미륵보살 재대중중 즉종좌기 정례불족 [1]
於是 彌勒菩薩 在大衆中 卽從座起 頂禮佛足

우요삼잡 장궤차수 이백불언
右繞三匝 長跪叉手 而白佛言

대비세존 광위보살 개비밀장 영제대중 심오
大悲世尊 廣爲菩薩 開秘密藏 令諸大衆 深悟

윤회 분별사정 능시말세 일체중생 무외도안
輪廻 分別邪正 能施末世 一切衆生 無畏道眼

어대열반 생결정신 무부중수 윤전경계 기순
於大涅槃 生決定信 無復重隨 輪轉境界 起循

환견
環見

세존 약제보살 급말세중생 욕유여래 대적멸 [2]
世尊 若諸菩薩 及末世衆生 欲遊如來 大寂滅

해 운하당단 윤회근본 어제윤회 유기종성
海 云何當斷 輪廻根本 於諸輪廻 有幾種性

수불보리 기등차별 회입진로 당설기종 교화
修佛菩提 幾等差別 廻入塵勞 當設幾種 教化

방편 도제중생 유원불사 구세대비 영제수행
方便 度諸衆生 唯願不捨 救世大悲 令諸修行

일체보살 급말세중생 혜목숙청 조요심경 원
一切菩薩 及末世衆生 慧目肅清 照耀心鏡 圓

오여래 무상지견
悟如來 無上知見

작시어이 오체투지 여시삼청 종이부시
作是語已 五體投地 如是三請 終而復始

3 이시세존 고미륵보살언
爾時世尊 告彌勒菩薩言

선재선재 선남자 여등내능 위제보살 급말세
善哉善哉 善男子 汝等乃能 爲諸菩薩 及末世

중생 청문여래 심오비밀 미묘지의 영제보살
衆生 請問如來 深奧秘密 微妙之義 令諸菩薩

결청혜목 급령일체 말세중생 영단윤회 심오
潔清慧目 及令一切 末世衆生 永斷輪廻 心悟

실상 구무생인 여금체청 당위여설
實相 具無生忍 汝今諦聽 當爲汝說

시 미륵보살 봉교환희 급제대중 묵연이청
時 彌勒菩薩 奉敎歡喜 及諸大衆 默然而聽

선남자 일체중생 종무시제 유유종종 은애탐 4
善男子 一切衆生 從無始際 由有種種 恩愛貪

욕 고유윤회 약제세계 일체종성 난생 태생
欲 故有輪廻 若諸世界 一切種性 卵生 胎生

습생 화생 개인음욕 이정성명 당지윤회 애
濕生 化生 皆因淫欲 而正性命 當知輪廻 愛

위근본 유유제욕 조발애성 시고능령 생사
爲根本 由有諸欲 助發愛性 是故能令 生死

상속 욕인애생 명인욕유 중생애명 환의욕본
相續 欲因愛生 命因欲有 衆生愛命 還依欲本

애욕위인 애명위과
愛欲爲因 愛命爲果

유어욕경 기제위순 경배애심 이생증질 조종 5
由於欲境 起諸違順 境背愛心 而生憎嫉 造種

종업 시고부생 지옥아귀 지욕가염 애염업도
種業 是故復生 地獄餓鬼 知欲可厭 愛厭業道

사악요선 부현천인 우지제애 가염오고 기애
捨惡樂善 復現天人 又知諸愛 可厭惡故 棄愛

락사 환자애본 변현유위 증상선과 개윤회고
樂捨 還滋愛本 便現有爲 增上善果 皆輪廻故

불성성도 시고중생 욕탈생사 면제윤회 선단
不成聖道 是故衆生 欲脫生死 免諸輪廻 先斷

탐욕 급제애갈
貪欲 及除愛渴

선남자 보살변화 시현세간 비애위본 단이자
善男子 菩薩變化 示現世間 非愛爲本 但以慈

비 영피사애 가제탐욕 이입생사 약제말세
悲 令彼捨愛 假諸貪慾 而入生死 若諸末世

일체중생 능사제욕 급제증애 영단윤회 근구
一切衆生 能捨諸欲 及除憎愛 永斷輪廻 勤求

여래 원각경계 어청정심 변득개오
如來 圓覺境界 於淸淨心 便得開悟

선남자 일체중생 유본탐욕 발휘무명 현출오
善男子 一切衆生 由本貪慾 發揮無明 顯出五

성 차별부등 의이종장 이현심천 운하이장
性 差別不等 依二種障 而現深淺 云何二障

일자이장 애정지견 이자사장 속제생사 운하
一者理障 礙正知見 二者事障 續諸生死 云何

오성 선남자 약차이장 미득단멸 명미성불
五性 善男子 若此二障 未得斷滅 名未成佛

약제중생 영사탐욕 선제사장 미단이장 단능
若諸衆生 永捨貪慾 先除事障 未斷理障 但能

오입 성문연각 미능현주 보살경계
悟入 聲聞緣覺 未能顯住 菩薩境界

선남자 약제말세 일체중생 욕범여래 대원각
善男子 若諸末世 一切衆生 欲汎如來 大圓覺

해 선당발원 근단이장 이장이복 즉능오입
海 先當發願 勤斷二障 二障已伏 卽能悟入

보살경계 약사이장 이영단멸 즉입여래 미묘
菩薩境界 若事理障 已永斷滅 卽入如來 微妙

원각 만족보리 급대열반
圓覺 滿足菩提 及大涅槃

8 선남자 일체중생 개증원각 봉선지식 의피소
善男子 一切衆生 皆證圓覺 逢善知識 依彼所

작 인지법행 이시수습 변유돈점 약우여래
作 因地法行 爾時修習 便有頓漸 若遇如來

무상보리 정수행로 근무대소 개성불과 약제
無上菩提 正修行路 根無大小 皆成佛果 若諸

중생 수구선우 우사견자 미득정오 시즉명위
衆生 雖求善友 遇邪見者 未得正梧 是則名爲

외도종성 사사과류 비중생구 시명중생 오성
外道種性 邪師過謬 非衆生咎 是名衆生 五性

차별
差別

9 선남자 보살유이 대비방편 입제세간 개발미
善男者 菩薩唯以 大悲方便 入諸世間 開發未

오 내지시현 종종형상 역순경계 여기동사
悟 乃至示現 種種形相 逆順境界 與其同事

화령성불 개의무시 청정원력
化令成佛 皆依無始 清淨願力

약제말세 일체중생 어대원각 기증상심 당발 10
若諸末世 一切衆生 於大圓覺 起增上心 當發

보살 청정대원 응작시언 원아금자 주불원각
菩薩 清淨大願 應作是言 願我今者 住佛圓覺

구선지식 막치외도 급여이승 의원수행 점단
求善知識 莫值外道 及與二乘 依願修行 漸斷

제장 장진원만 변등해탈 청정법전 증대원각
諸障 障盡願滿 便登解脫 清淨法殿 證大圓覺

묘장엄역
妙莊嚴域

이시 세존 욕중선차의 이설게언 11
爾時 世尊 欲重宣此義 而設偈言

미륵여당지 일체제중생
彌勒汝當知 一切諸衆生

부득대해탈 개유탐욕고
不得大解脫 皆由貪欲故

타락어생사 약능단증애
墮落於生死 若能斷憎愛

급여탐진치 불인차별성
及 與 貪 瞋 癡　不 因 差 別 性

개득성불도 이장영소멸
皆 得 成 佛 道　二 障 永 銷 滅

구사득정오 수순보살원
求 師 得 正 悟　隨 順 菩 薩 願

의지대열반 시방제보살
依 止 大 涅 槃　十 方 諸 菩 薩

개이대비원 시현입생사
皆 以 大 悲 願　示 現 入 生 死

현재수행자 급말세중생
現 在 修 行 者　及 末 世 衆 生

근단제애견 변귀대원각
勤 斷 諸 愛 見　便 歸 大 圓 覺

청정혜보살장 제육
清淨慧菩薩章 第六

어시 청정혜보살 재대중중 즉종좌기 정례불 [1]
於是 清淨慧菩薩 在大衆中 卽從座起 頂禮佛

족 우요삼잡 장궤차수 이백불언
足 右繞三匝 長跪叉手 而白佛言

대비세존 위아등배 광설여시 부사의사 본소
大悲世尊 爲我等輩 廣說如是 不思義事 本所

불견 본소불문 아등금자 몽불선유 신심태연
不見 本所不聞 我等今者 蒙佛善誘 身心泰然

득대요익 원위일체 제래법중 중선법왕 원만
得大饒益 願爲一切 諸來法衆 重宣法王 圓滿

각성 일체중생 급제보살 여래세존 소증소득
覺性 一切衆生 及諸菩薩 如來世尊 所證所得

운하차별 영말세중생 문차성교 수순개오 점
云何差別 令末世衆生 聞此聖教 隨順開悟 漸

차능입
次能入

작시어이 오체투지 여시삼청 종이부시
作是語已 五體投地 如是三請 終而復始

2 이시 세존 고청정혜보살언
爾時 世尊 告淸淨慧菩薩言

선재선재 선남자 여등내능 위제보살 급말세
善哉善哉 善男者 汝等乃能 爲諸菩薩 及末世

중생 청문여래 점차차별 여금체청 당위여설
衆生 請問如來 漸次差別 汝今諦聽 當爲汝說

시 청정혜보살 봉교환희 급제대중 묵연이청
時 淸淨慧菩薩 奉敎歡喜 及諸大衆 默然而聽

3 선남자 원각자성 비성성유 순제성기 무취무
善男者 圓覺自性 非性性有 循諸性起 無取無

증 어실상중 실무보살 급제중생 하이고 보
證 於實相中 實無菩薩 及諸衆生 何以故 菩

살중생 개시환화 환화멸고 무취증자 비여안
薩衆生 皆是幻化 幻化滅故 無取證者 譬如眼

근 불자견안 성자평등 무평등자
根 不自見眼 性自平等 無平等者

중생미도 미능제멸 일체환화 어멸미멸 망공
衆生迷倒 未能除滅 一切幻化 於滅未滅 妄功

용중 변현차별 약득여래 적멸수순 실무적멸
用中 便顯差別 若得如來 寂滅隨順 實無寂滅

급적멸자
及 寂滅 者

선남자 일체중생 종무시래 유망상아 급애아 [4]
善男者 一切衆生 從無始來 由妄想我 及愛我

자 증부자지 염념생멸 고기증애 탐착오욕
者 曾不自知 念念生滅 故起憎愛 耽着五欲

약우선우 교령개오 정원각성 발명기멸 즉지
若遇善友 敎令開悟 淨圓覺性 發明起滅 卽知

차생 성자노려 약부유인 노려영단 득법계정
此生 性自勞慮 若復有人 勞慮永斷 得法界淨

즉피정해 위자장애 고어원각 이부자재 차명
卽彼淨解 爲者障礙 故於圓覺 而不自在 此名

범부 수순각성
凡夫 隨順 覺性

5 선남자 일체보살 견해위애 수단해애 유주견
善男者 一切菩薩 見解爲礙 雖斷解礙 猶住見

각 각애위애 이부자재 차명보살 미입지자
覺 覺礙爲礙 而不自在 此名菩薩 未入地者

수순각성
隨順覺性

6 선남자 유조유각 구명장애 시고보살 상각부
善男者 有照有覺 俱名障礙 是故菩薩 常覺不

주 조여조자 동시적멸 비여유인 자단기수
住 照與照者 同時寂滅 譬如有人 自斷其首

수이단고 무능단자 즉이애심 자멸제애 애이
首已斷故 無能斷者 則以礙心 自滅諸礙 礙已

단멸 무멸애자 수다라교 여표월지 약부견월
斷滅 無滅礙者 修多羅敎 如標月指 若復見月

요지소표 필경비월 일체여래 종종언설 개시
了知所標 畢竟非月 一切如來 種種言說 開示

보살 역부여시 차명보살 이입지자 수순각성
菩薩 亦復如是 此名菩薩 已入地者 隨順覺性

선남자 일체장애 즉구경각 득념실념 무비해
善男者 一切障礙 卽究竟覺 得念失念 無非解

탈 성법파법 개명열반 지혜우치 통위반야
脫 成法破法 皆名涅槃 智慧愚癡 通爲般若

보살외도 소성취법 동시보리 무명진여 무이
菩薩外道 所成就法 同是菩提 無明眞如 無異

경계 제계정혜 급음노치 구시범행 중생국토
境界 諸戒定慧 及婬怒癡 俱是梵行 衆生國土

동일법성 지옥천궁 개위정토 유성무성 제성
同一法性 地獄天宮 皆爲淨土 有性無性 齊成

불도 일체번뇌 필경해탈 법계해혜 조료제상
佛道 一切煩惱 畢竟解脫 法界海慧 照了諸相

유여허공 차명여래 수순각성
猶如虛空 此名如來 隨順覺性

선남자 단제보살 급말세중생 거일체시 불기
善男者 但諸菩薩 及末世衆生 居一切時 不起

망념 어제망심 역불식멸 주망상경 불가료지
妄念 於諸妄心 亦不息滅 住妄想境 不加了知

어무료지 불변진실 피제중생 문시법문 신해
於無了知 不辨眞實 彼諸衆生 聞是法門 信解

수지 불생경외 시즉명위 수순각성
受持 不生驚畏 是則名爲 隨順覺性

선남자 여등당지 여시중생 이증공양 백천만
善男者 汝等當知 如是衆生 已曾供養 百千萬

억 항하사 제불 급대보살 식중덕본 불설시
億 恒河沙 諸佛 及大菩薩 植衆德本 佛說是

인 명위성취 일체종지
人 名爲成就 一切種智

9 이시 세존 욕중선차의 이설게언
爾時 世尊 欲重宣此義 而說偈言

청정혜당지　　원만보리성
清淨慧當知　　圓滿菩提性

무취역무증　　무보살중생
無取亦無證　　無菩薩衆生

각여미각시　　점차유차별
覺與未覺時　　漸次有差別

중생위해애　　보살미리각
衆生爲解礙　　菩薩未離覺

입지영적멸　부주일체상
入地永寂滅　不住一切相

대각실원만　명위변수순
大覺悉圓滿　名爲徧隨順

말세제중생　심불생허망
末世諸衆生　心不生虛妄

불설여시인　현세즉보살
佛說如是人　現世卽菩薩

공양항사불　공덕이원만
供養恒沙佛　功德已圓滿

수유다방편　개명수순지
雖有多方便　皆名隨順智

위덕자재보살장 제칠
威德自在菩薩章 第七

어시 위덕자재보살 재대중중 즉종좌기 정례 [1]
於是 威德自在菩薩 在大衆中 即從座起 頂禮

불족 우요삼잡 장궤차수 이백불언
佛足 右繞三匝 長跪叉手 而白佛言

대비세존 광위아등 분별여시 수순각성 영제
大悲世尊 廣爲我等 分別如是 隨順覺性 令諸

보살 각심광명 승불원음 불인수습 이득선리
菩薩 覺心光明 承佛圓音 不因修習 而得善利

세존 비여대성 외유사문 수방래자 비지일로
世尊 譬如大城 外有四門 隨方來者 非止一路

일체보살 장엄불국 급성보리 비일방편 유원
一切菩薩 莊嚴佛國 及成菩提 非一方便 唯願

세존 광위아등 선설일체 방편점차 병수행인
世尊 廣爲我等 宣說一切 方便漸次 幷修行人

총유기종 영차회보살 급말세중생 구대승자
總有機種 令此會菩薩 及末世衆生 求大乘者

속득개오 유희여래 대적멸해
速 得 開 悟 遊 戲 如 來 大 寂 滅 海

작시어이 오체투지 여시삼청 종이부시
作 是 語 已 五 體 投 地 如 是 三 請 終 而 復 始

2 이시 세존 고위덕자재보살언
爾 時 世 尊 告 威 德 自 在 菩 薩 言

선재선재 선남자 여등내능 위제보살 급말세
善 哉 善 哉 善 男 子 汝 等 乃 能 爲 諸 菩 薩 及 末 世

중생 문어여래 여시방편 여금체청 당위여설
衆 生 問 於 如 來 如 是 方 便 汝 今 諦 聽 當 爲 汝 說

시 위덕자재보살 봉교환희 급제대중 묵연이
時 威 德 自 在 菩 薩 奉 敎 歡 喜 及 諸 大 衆 黙 然 而

청
聽

3 선남자 무상묘각 변제시방 출생여래 여일체
善 男 子 無 上 妙 覺 遍 諸 十 方 出 生 如 來 與 一 切

법 동체평등 어제수행 실무유이 방편수순
法 同 體 平 等 於 諸 修 行 實 無 有 二 方 便 隨 順

기수무량 원섭소귀 순성차별 당유삼종
基數無量 圓攝所歸 循性差別 當有三種

선남자 약제보살 오정원각 이정각심 취정위 4
善男子 若諸菩薩 悟淨圓覺 以淨覺心 取靜爲

행 유징제념 각식번동 정혜발생 신심객진
行 由澄諸念 覺識煩動 靜慧發生 身心客塵

종차영멸 변능내발 적정경안 유적정고 시방
從此永滅 便能內發 寂靜輕安 由寂靜故 十方

세계 제여래심 어중현현 여경중상 차방편자
世界 諸如來心 於中顯現 如鏡中像 此方便者

명사마타
名奢摩他

선남자 약제보살 오정원각 이정각심 지각심 5
善男子 若諸菩薩 悟淨圓覺 以淨覺心 知覺心

성 급여근진 개인환화 즉기제환 이제환자
性 及與根塵 皆因幻化 卽起諸幻 以除幻者

변화제환 이개환중 유기환고 변능내발 대비
變化諸幻 而開幻衆 由起幻故 便能內發 大悲

경안 일체보살 종차기행 점차증진 피관환자
輕安 一切菩薩 從此起行 漸次增進 彼觀幻者

비동환고 비동환관 개시환고 환상영리 시제
非同幻故 非同幻觀 皆是幻故 幻相永離 是諸

보살 소원묘행 여토장묘 차방편자 명삼마발
菩薩 所圓妙行 如土長土 此方便者 名三摩鉢

제
提

6 선남자 약제보살 오정원각 이정각심 불취환
善男子 若諸菩薩 悟淨圓覺 以淨覺心 不取幻

화 급제정상 요지신심 개위괘애 무지각명
化 及諸靜相 了知身心 皆爲罣礙 無知覺明

불의제애 영득초과 애무애경 수용세계 급여
不依諸礙 永得超過 礙無礙境 受用世界 及與

신심 상재진역 여기중굉 성출우외 번뇌열반
身心 相在塵域 如器中鍠 聲出于外 煩惱涅槃

불상유애 변능내발 적멸경안 묘각수순 적멸
不相留礙 便能內發 寂滅輕安 妙覺隨順 寂滅

경계 자타신심 소불능급 중생수명 개위부상
境界 自他身心 所不能及 衆生壽命 皆爲浮想

차방편자 명위선나
此 方 便 者 名 爲 禪 那

선남자 차삼법문 개시원각 친근수순 시방여 [7]
善 男 子 此 三 法 門 皆 是 圓 覺 親 近 隨 順 十 方 如

래 인차성불 시방보살 종종방편 일체동이
來 因 此 成 佛 十 方 菩 薩 種 種 方 便 一 切 同 異

개의여시 삼종사업 약득원증 즉성원각 선남
皆 依 如 是 三 種 事 業 若 得 圓 證 卽 成 圓 覺 善 男

자 가사유인 수어성도 교화성취 백천만억
子 假 使 有 人 修 於 聖 道 敎 化 成 就 百 千 萬 億

아라한 벽지불과 불여유인 문차원각 무애법
阿 羅 漢 辟 支 弗 果 不 如 有 人 聞 此 圓 覺 無 礙 法

문 일찰나경 수순수습
門 一 刹 那 頃 隨 順 修 習

이시 세존 욕중선차의 이설게언 [8]
爾 時 世 尊 欲 重 宣 此 義 而 設 偈 言

위덕여당지 무상대각심
威德汝當知　無上大覺心

본제무이상 수순제방편
本際無二相　隨順諸方便

기수즉무량 여래총개시
其數即無量　如來總開示

변유삼종류 적정사마타
便有三種類　寂靜奢摩他

여경조제상 여환삼마제
如鏡照諸像　如幻三磨提

여묘점증장 선나유적멸
如苗漸增長　禪那唯寂滅

여피기중굉 삼종묘법문
如彼器中鍠　三種妙法門

개시각수순 시방제여래
皆是覺隨順　十方諸如來

급제대보살 인차득성도
及諸大菩薩　因此得成道

삼사원증고 명구경열반
三事圓證故　名究竟涅槃

변음보살장 제팔

辨音菩薩章 第八

어시 변음보살 재대중중 즉종좌기 정례불족 [1]
於是 辨音菩薩 在大衆中 卽從座起 頂禮佛足

우요삼잡 장궤차수 이백불언
右繞三匝 長跪叉手 而白佛言

대비세존 여시법문 심위희유 세존 차제방편
大悲世尊 如是法門 甚爲希有 世尊 此諸方便

일체보살 어원각문 유기수습 원위대중 급말
一切菩薩 於圓覺門 有幾修習 願爲大衆 及末

세중생 방편개시 영오실상
世衆生 方便開示 令悟實相

작시어이 오체투지 여시삼청 종이부시
作是語已 五體投地 如是三請 終而復始

이시 세존 고변음보살언 [2]
爾時 世尊 告辨音菩薩言

선재선재 선남자 여등내능 위제대중 급말세
善哉善哉 善男子 汝等乃能 爲諸大衆 及末世

중생 문어여래 여시수습 여금체청 당위여설
衆生 問於如來 如是修習 汝今諦聽 當爲汝說

시 변음보살 봉교환희 급제대중 묵연이청
時 辨音菩薩 奉敎歡喜 及諸大衆 黙然而聽

3 선남자 일체여래 원각청정 본무수습 급수습
善男子 一切如來 圓覺淸淨 本無修習 及修習

자 일체보살 급말세중생 의어미각 환력수습
者 一切菩薩 及末世衆生 依於未覺 幻力修習

이시 변유이십오종 청정정륜
爾時 便有二十五種 淸淨定輪

4 약제보살 유취극정 유정력고 영단번뇌 구경
若諸菩薩 唯取極靜 由靜力故 永斷煩惱 究竟

성취 불기우좌 변입열반 차보살자 명단수사
成就 不起于座 便入涅槃 此菩薩者 名單修奢

마타
摩他

약제보살 유관여환 이불력고 변화세계 종종 5
若 諸 菩 薩　唯 觀 如 幻　以 佛 力 故　變 化 世 界　種 種

작용 비행보살 청정묘행 어다라니 불실적념
作 用　備 行 菩 薩　清 淨 妙 行　於 陀 羅 尼　不 失 寂 念

급제정혜 차보살자 명단수삼마발제
及 諸 靜 慧　此 菩 薩 者　名 單 修 三 摩 鉢 提

약제보살 유멸제환 불취작용 독단번뇌 번뇌 6
若 諸 菩 薩　唯 滅 諸 幻　不 取 作 用　獨 斷 煩 惱　煩 惱

단진 변증실상 차보살자 명단수선나
斷 盡　便 證 實 相　此 菩 薩 者　名 單 修 禪 那

약제보살 선취지정 이정혜심 조제환자 변어 7
若 諸 菩 薩　先 取 至 靜　以 靜 慧 心　照 諸 幻 者　便 於

시중 기보살행 차보살자 명선수사마타 후수
是 中　起 菩 薩 行　此 菩 薩 者　名 先 修 奢 摩 他　後 修

삼마발제
三 摩 鉢 提

약제보살 이정혜고 증지정성 변단번뇌 영출
若諸菩薩 以靜慧故 證至靜性 便斷煩惱 永出

생사 차보살자 명선수사마타 후수선나
生死 此菩薩者 名先修奢摩他 後修禪那

8 약제보살 이적정혜 부현환력 종종변화 도제
若諸菩薩 以寂靜慧 復現幻力 種種變化 度諸

중생 후단번뇌 이입적멸 차보살자 명선수사
衆生 後斷煩惱 而入寂滅 此菩薩者 名先修奢

마타 중수삼마발제 후수선나
摩他 中修三摩鉢堤 後修禪那

약제보살 이지정력 단번뇌이 후기보살 청정
若諸菩薩 以至靜力 斷煩惱已 後起菩薩 淸淨

묘행 도제중생 차보살자 명선수사마타 중수
妙行 度諸衆生 此菩薩者 名先修奢摩他 中修

선나 후수삼마발제
禪那 後修三摩鉢提

약제보살 이지정력 심단번뇌 후도중생 건립
若諸菩薩 以至靜力 心斷煩惱 後度衆生 建立

세계 차보살자 명선수사마타 제수삼마발제
世界 此菩薩者 名先修奢摩他 齊修三摩鉢提

급수선나
及修禪那

약제보살 이지정력 자발변화 후단번뇌 차보
若諸菩薩 以至靜力 資發變化 後斷煩惱 此菩

살자 명제수사마타 삼마발제 후수선나
薩者 名齊修奢摩他 三摩鉢提 後修禪那

약제보살 이지정력 용자적멸 후기작용 변화
若諸菩薩 以至靜力 用資寂滅 後起作用 變化

경계 차보살자 명제수사마타선나 후수삼마
境界 此菩薩者 名齊修奢摩他禪那 後修三摩

발제
鉢提

9 약제보살 이변화력 종종수순 이취지정 차보
若諸菩薩 以變化力 種種隨順 而取至靜 此菩

살자 명선수삼마발제 후수사마타
薩者 名先修三摩鉢提 後修奢摩他

약제보살 이변화력 종종경계 이취적멸 차보
若諸菩薩 以變化力 種種境界 而取寂滅 此菩

살자 명선수삼마발제 후수선나
薩者 名先修三摩鉢提 後修禪那

약제보살 이변화력 이작불사 안재적정 이단
若諸菩薩 以變化力 而作佛事 安在寂靜 而斷

번뇌 차보살자 명선수삼마발제 중수사마타
煩惱 此菩薩者 名先修三摩鉢提 中修奢摩他

후수선나
後修禪那

약제보살 이변화력 무애작용 단번뇌고 안주
若諸菩薩 以變化力 無礙作用 斷煩惱故 安住

지정 차보살자 명선수삼마발제 중수선나 후
至靜 此菩薩者 名先修三摩鉢提 中修禪那 後

수사마타
修奢摩他

약제보살 이변화력 방편작용 지정적멸 이구
若諸菩薩 以變化力 方便作用 至靜寂滅 二俱

수순 차보살자 명선수삼마발제 제수사마타
隨順 此菩薩者 名先修三摩鉢提 齊修奢摩他

선나
禪那

약제보살 이변화력 종종기용 자어지정 후단
若諸菩薩 以變化力 種種起用 資於至靜 後斷

번뇌 차보살자 명제수삼마발제사마타 후수
煩惱 此菩薩者 名齊修三摩鉢提奢摩他 後修

선나
禪那

약제보살 이변화력 자어적멸 후주청정 무작
若 諸 菩 薩 以 變 化 力 資 於 寂 滅 後 住 淸 淨 無 作

정려 차보살자 명제수삼마발제선나 후수사
靜 慮 此 菩 薩 者 名 齊 修 三 摩 鉢 提 禪 那 後 修 奢

마타
摩 他

10 약제보살 이적멸력 이기지정 주어청정 차보
若 諸 菩 薩 以 寂 滅 力 而 起 至 靜 住 於 淸 淨 此 菩

살자 명선수선나 후수사마타
薩 者 名 先 修 禪 那 後 修 奢 摩 他

약제보살 이적멸력 이기작용 어일체경 적용
若 諸 菩 薩 以 寂 滅 力 而 起 作 用 於 一 切 境 寂 用

수순 차보살자 명선수선나 후수삼마발제
隨 順 此 菩 薩 者 名 先 修 禪 那 後 修 三 摩 鉢 提

약제보살 이적멸력 종종자성 안어정려 이기
若 諸 菩 薩 以 寂 滅 力 種 種 自 性 安 於 靜 慮 而 起

변화 차보살자 명선수선나 중수사마타 후수
變化 此菩薩者 名先修禪那 中修奢摩他 後修

삼마발제
三摩鉢提

약제보살 이적멸력 무작자성 기어작용 청정
若諸菩薩 以寂滅力 無作自性 起於作用 清淨

경계 귀어정려 차보살자 명선수선나 중수삼
境界 歸於靜慮 此菩薩者 名先修禪那 中修三

마발제 후수사마타
摩鉢提 後修奢摩他

약제보살 이적멸력 종종청정 이주정려 기어
若諸菩薩 以寂滅力 種種清淨 而住靜慮 起於

변화 차보살자 명선수선나 제수사마타 삼마
變化 此菩薩者 名先修禪那 齊修奢摩他 三摩

발제
鉢提

약제보살 이적멸력 자어지정 이기변화 차보
若諸菩薩 以寂滅力 資於至靜 而起變化 此菩

살자 명제수선나사마타 후수삼마발제
薩者 名齊修禪那奢摩他 後修三摩鉢提

약제보살 이적멸력 자어변화 이기지정 청명
若諸菩薩 以寂滅力 資於變化 而起至靜 淸明

경혜 차보살자 명제수선나삼마발제 후수사
境慧 此菩薩者 名齊修禪那三摩鉢提 後修奢

마타
摩他

약제보살 이원각혜 원합일체 어제성상 무리
若諸菩薩 以圓覺慧 圓合一切 於諸性相 無離

각성 차보살자 명위원수 삼종자성 청정수순
覺性 此菩薩者 名爲圓修 三種自性 淸淨隨順

선남자 시명보살 이십오륜 일체보살 수행
善男子 是名菩薩 二十五輪 一切菩薩 修行

여시
如是

약제보살 급말세중생 의차륜자 당지범행 적 ¹²
若諸菩薩 及末世衆生 依此輪者 當持梵行 寂

정사유 구애참회 경삼칠일 어이십오륜 각안
靜思惟 求哀懺悔 經三七日 於二十五輪 各安

표기 지심구애 수수결취 의결개시 변지돈점
標記 至心求哀 隨手結取 依結開示 便知頓漸

일념의회 즉불성취
一念疑悔 卽不成就

이시 세존 욕중선차의 이설게언 ¹³
而時 世尊 欲重宣此義 而說偈言

변음여당지　일체제보살
辨音汝當知　一切諸菩薩

무애청정혜　개의선정생
無礙清淨慧　皆依禪定生

소위사마타　삼마제선나
所謂奢摩他　三摩提禪那

삼법돈점수　유이십오종
三法頓漸修　有二十五種

시방제여래　삼세수행자
十方諸如來　三世修行者

무불인차법　이득성보리
無不因此法　而得成菩提

유제돈각인　병법불수순
唯除頓覺人　幷法不隨順

일체제보살　급말세중생
一切諸菩薩　及末世衆生

상당지차륜　수순근수습
常當持此輪　隨順勤修習

의불대비력　불구증열반
依佛大悲力　不久證涅槃

정제업장보살장 제구
淨諸業障菩薩章 第九

어시 정제업장보살 재대중중 즉종좌기 정례 [1]
於是 淨諸業障菩薩 在大衆中 卽從座起 頂禮

불족 우요삼잡 장궤차수 이백불언
佛足 右繞三匝 長跪叉手 而白佛言

대비세존 위아등배 광설여시 부사의사 일체
大悲世尊 爲我等輩 廣說如是 不思議事 一切

여래 인지행상 영제대중 득미증유 도견조어
如來 因地行相 令諸大衆 得未曾有 覩見調御

역항사겁 근고경계 일체공용 유여일념 아등
歷恒沙劫 勤苦境界 一切功用 猶如一念 我等

보살 심자경위
菩薩 深自慶慰

세존 약차각심 본성청정 인하염오 사제중생 [2]
世尊 若此覺心 本性淸淨 因何染汚 使諸衆生

미민불인 유원여래 광위아등 개오법성 영차
迷悶不人 唯願如來 廣爲我等 開悟法性 令此

대중 급말세중생 작장래안
大衆 及末世衆生 作將來眼

설시어이 오체투지 여시삼청 종이부시
說是語已 五體投地 如是三請 終而復始

3 이시 세존 고정제업장보살언
爾時 世尊 告淨諸業障菩薩言

선재선재 선남자 여등내능 위제대중 급말세
善哉善哉 善男子 汝等乃能 爲諸大衆 及末世

중생 자문여래 여시방편 여금체청 당위여설
衆生 諮問如來 如是方便 汝今諦聽 當爲汝說

시 정제업장보살 봉교환희 급제대중 묵연이
時 淨諸業障菩薩 奉教歡喜 及諸大衆 默然而

청
聽

4 선남자 일체중생 종무시래 망상집유 아인중
善男子 一切衆生 從無始來 妄想執有 我人衆

생 급여수명 인사전도 위실아체 유차변생
生 及與壽命 認四顚倒 爲實我體 由此便生

증애이경 어허망체 중집허망 이망상의 생망
憎愛二境 於虛妄體 重執虛妄 二妄相依 生妄

업도 유망업고 망견유전 염유전자 망견열반
業道 有妄業故 妄見流轉 厭流轉者 妄見涅槃

유차불능 입청정각 비각위거 제능입자 유제
由此不能 入淸淨覺 非覺違拒 諸能入者 有諸

능입 비각입고 시고동념 급여식념 개귀미민
能入 非覺入故 是故動念 及與息念 皆歸迷悶

하이고 유유무시 본기무명 위기주재 일체
何以故 由有無始 本起無明 爲己主宰 一切

중생 생무혜목 신심등성 개시무명 비여유인
衆生 生無慧目 身心等性 皆是無明 譬如有人

부자단명 시고당지 유애아자 아여수순 비수
不自斷命 是故當知 有愛我者 我與隨順 非隨

순자 변생증원 위증애심 양무명고 상속구도
順者 便生憎怨 爲憎愛心 養無明故 相續求道

개불성취
皆不成就

5 선남자 운하아상 위제중생 심소증자 선남자
善男子 云何我相 謂諸衆生 心所證者 善男子

비여유인 백해조적 홀망아신 사지현완 섭양
譬如有人 百骸調適 忽忘我身 四支弦緩 攝養

괴방 미가침애 즉지유아 시고 증취 방현아
乖方 微加鍼艾 則知有我 是故 證取 方現我

체 선남자 기심내지 증어여래 필경요지 청
體 善男子 其心乃至 證於如來 畢竟了知 淸

정열반 개시아상
淨涅槃 皆是我相

6 선남자 운하인상 위제중생 심오증자 선남자
善男子 云何人相 謂諸衆生 心悟證者 善男子

오유아자 불부인아 소오비아 오역여시 오이
悟有我者 不復認我 所悟非我 悟亦如是 悟已

초과 일체증자 실위인상 선남자 기심내지
超過 一切證者 悉爲人相 善男子 其心乃至

원오열반 구시아자 심존소오 비탄증리 개명
圓悟涅槃 俱是我者 心存少悟 備殫證理 皆名

인상
人相

7

선남자 운하중생상 위제중생 심자증오 소불
善男子 云何衆生相 謂諸衆生 心自證悟 所不

급자 선남자 비여유인 작여시언 아시중생
及者 善男子 譬如有人 作如是言 我是衆生

즉지피인 설중생자 비아비피 운하비아 아시
則知彼人 說衆生者 非我非彼 云何非我 我是

중생 즉비시아 운하비피 아시중생 비피아고
衆生 則非是我 云何非彼 我是衆生 非彼我故

선남자 단제중생 요증료오 개위아인 이아인
善男子 但諸衆生 了證了悟 皆爲我人 而我人

상 소불급자 존유소료 명중생상
相 所不及者 存有所了 名衆生相

선남자 운하수명상 위제중생 심조청정 각소
善男子 云何壽命相 謂諸衆生 心照清淨 覺所

료자 일체업지 소불자견 유여명근 선남자
了者 一切業智 所不自見 猶如命根 善男子

약심조견 일체각자 개위진구 각소각자 불리
若心照見 一切覺者 皆爲塵垢 覺所覺者 不離

진고 여탕소빙 무별유빙 지빙소자 존아각아
塵故 如湯銷氷 無別有氷 知氷銷者 存我覺我

역부여시
亦 復 如 是

9 **선남자 말세중생 불료사상 수경다겁 근고수**
善男子 末世衆生 不了四相 雖經多劫 勤苦修

도 단명유위 종불능성 일체성과 시고명위
道 但名有爲 終不能成 一切聖果 是故名爲

정법말세
正法末世

10 **하이고 인일체아 위열반고 유증유오 명성취**
何以故 認一切我 爲涅槃故 有證有悟 名成就

고 비여유인 이적위자 기가재보 종불성취
故 譬如有人 以賊爲子 其家財寶 終不成就

하이고 유아애자 역애열반 복아애근 위열반
何以故 有我愛者 亦愛涅槃 伏我愛根 爲涅槃

상 유증아자 역증생사 부지애자 진생사고
相 有憎我者 亦憎生死 不知愛者 眞生死故

별증생사 명불해탈
別憎生死 名不解脫

운하당지 법불해탈 선남자 피말세중생 습보
云何當知 法不解脫 善男子 彼末世衆生 習菩

리자 이이미증 위자청정 유미능진 아상근본
提者 以已微證 爲自淸淨 由未能盡 我相根本

약부유인 찬탄피법 즉생환희 변욕제도 약부
若復有人 讚歎彼法 卽生歡喜 便欲濟度 若復

비방 피소득자 변생진한 즉지아상 견고집지
誹謗 彼所得者 便生瞋恨 則知我相 堅固執持

잠복장식 유희제근 증불간단 선남자 피수도
潛伏藏識 遊戲諸根 曾不間斷 善男子 彼修道

자 부제아상 시고불능 입청정각 선남자 약
者 不除我相 是故不能 入淸淨覺 善男子 若

지아공 무훼아자 유아설법 아미단고 중생수
知我空 無毁我者 有我說法 我未斷故 衆生壽

명 역부여시
命 亦復如是

선남자 말세중생 설병위법 시고명위 가련민
善男子 末世衆生 說病爲法 是故名爲 可憐愍

자 수근정진 증익제병 시고불능 입청정각
者 雖勤精進 增益諸病 是故不能 入淸淨覺

선남자 말세중생 불료사상 이여래해 급소행
善男子 末世衆生 不了四相 以如來解 及所行

처 위자수행 종불성취 혹유중생 미득위득
處 爲自修行 終不成就 或有衆生 未得謂得

미증위증 견승진자 심생질투 유피중생 미단
未證謂證 見勝進者 心生嫉妬 由彼衆生 未斷

아애 시고불능 입청정각
我愛 是故不能 入淸淨覺

13 선남자 말세중생 희망성도 무령구오 유익다
善男子 末世衆生 希望成道 無令求悟 唯益多

문 증장아견 단당정근 항복번뇌 기대용맹
聞 增長我見 但當精勤 降伏煩惱 起大勇猛

미득령득 미단령단 탐진애만 첨곡질투 대경
未得令得 未斷令斷 貪瞋愛慢 諂曲嫉妬 對境

불생 피아은애 일체적멸 불설시인 점차성취
不生 彼我恩愛 一切寂滅 佛說是人 漸次成就

구선지식 불타사견
求善知識 不墮邪見

약어소구 별생증애 즉불능입 청정각해
若於所求 別生憎愛 則不能入 淸淨覺海

이시 세존 욕중선차의 이설게언
爾時 世尊 欲重宣此義 而說偈言

정업여당지	일체제중생
淨業汝當知	一切諸衆生

개유집아애	무시망유전
皆由執我愛	無始妄流轉

미제사종상	부득성보리
未除四種相	不得成菩提

애증생어심	첨곡존제념
愛憎生於心	諂曲存諸念

시고다미민	불능입각성
是故多迷悶	不能入覺城

약능귀오찰	선거탐진치
若能歸悟刹	先去貪瞋癡

법애부존심	점차가성취
法愛不存心	漸次可成就

아신본불유	증애하유생
我身本不有	憎愛何由生

차인구선우	종불타사견
止人求善友	終不墮邪見

소구별생심 구경비성취

所求別生心 究竟非成就

보각보살장 제십
普覺菩薩章 第十

어시 보각보살 재대중중 즉종좌기 정례불족 [1]
於是 普覺菩薩 在大衆中 卽從座起 頂禮佛足

우요삼잡 장궤차수 이백불언
右繞三匝 長跪叉手 而白佛言

대비세존 쾌설선병 영제보살 득미증유 심의
大悲世尊 快說禪病 令諸菩薩 得未曾有 心意

탕연 획대안은
蕩然 獲大安隱

세존 말세중생 거불점원 현성은복 사법증치 [2]
世尊 末世衆生 去佛漸遠 賢聖隱伏 邪法增熾

사제중생 구하등인 의하등법 행하등행 제거
使諸衆生 求何等人 依何等法 行何等行 除去

하병 운하발심 영피군맹 불타사견
何病 云何發心 令彼群盲 不墮邪見

작시어이 오체투지 여시삼청 종이부시
作是語已 五體投地 如是三請 終而復始

3 이시 세존 고보각보살언
爾時 世尊 告普覺菩薩言

선재선재 선남자 여등내능 자문여래 여시수
善哉善哉 善男子 汝等乃能 諮問如來 如是修

행 능시말세 일체중생 무외도안 영피중생
行 能施末世 一切衆生 無畏道眼 令彼衆生

득성성도 여금체청 당위여설
得性聖道 汝今諦聽 當爲汝說

시 보각보살 봉교환희 급제대중 묵연이청
時 普覺菩薩 奉教歡喜 及諸大衆 黙然而聽

4 선남자 말세중생 장발대심 구선지식 욕수행
善男子 末世衆生 將發大心 求善知識 欲修行

자 당구일체 정지견인 심부주상 불착성문
者 當求一切 正知見人 心不住相 不着聲聞

연각경계 수현진노 심항청정 시유제과 찬탄
緣覺境界 雖現塵勞 心恒淸淨 示有諸過 讚歎

범행 불령중생 입불율의 구여시인 즉득성취
梵行 不令衆生 入不律儀 求如是人 卽得成就

아뇩다라삼먁삼보리
阿耨多羅三藐三菩提

말세중생 견여시인 응당공양 불석신명 피선 5
末世衆生 見如是人 應當供養 不惜身命 彼善

지식 사위의중 상현청정 내지시현 종종과환
知識 四威儀中 常現淸淨 乃至示現 種種過患

심무교만 황부단재 처자권속 약선남자 어피
心無憍慢 況復摶財 妻子眷屬 若善男子 於彼

선우 불기악념 즉능구경 성취정각 심화발명
善友 不起惡念 卽能究竟 成就正覺 心華發明

조시방찰
照十方刹

선남자 피선지식 소증묘법 응리사병 운하사 6
善男子 彼善知識 所證妙法 應離四病 云何四

병 일자작병 약부유인 작여시언 아어본심
病 一者作病 若復有人 作如是言 我於本心

작종종행 욕구원각 피원각성 비작득고 설명
作種種行 欲求圓覺 彼圓覺性 非作得故 說名

위병
爲病

이자임병 약부유인 작여시언 아등금자 부단
二者任病 若復有人 作如是言 我等今者 不斷

생사 불구열반 열반생사 무기멸념 임피일체
生死 不求涅槃 涅槃生死 無起滅念 任彼一切

수제법성 욕구원각 피원각성 비임유고 설명
隨諸法性 欲求圓覺 彼圓覺性 非任有故 說名

위병
爲病

삼자지병 약부유인 작여시언 아금자심 영식
三者止病 若復有人 作如是言 我今自心 永息

제념 득일체성 적연평등 욕구원각 피원각성
諸念 得一切性 寂然平等 欲求圓覺 彼圓覺性

비지합고 설명위병
非止合故 說名爲病

사자멸병 약부유인 작여시언 아금영단 일체
四者滅病 若復有人 作如是言 我今永斷 一切

번뇌 신심필경공무소유 하황근진 허망경계
煩惱 身心畢竟空無所有 何況根塵 虛妄境界

일체영적 욕구원각 피원각성 비적상고 설명
一切永寂 欲求圓覺 彼圓覺性 非寂相故 說名

위병
爲病

이사병자 즉지청정 작시관자 명위정관 약타
離四病者 則知淸淨 作是觀者 名爲正觀 若他

관자 명위사관
觀者 名爲邪觀

선남자 말세중생 욕수행자 응당진명 공양선 7
善男子 末世衆生 欲修行者 應當盡命 供養善

우 사선지식 피선지식 욕래친근 응단교만
友 事善知識 彼善知識 欲來親近 應斷驕慢

약부원리 응단진한 현역순경 유여허공 요지
若復遠離 應斷瞋恨 現逆順境 猶如虛空 了知

신심 필경평등 여제중생 동체무이 여시수행
身心 畢竟平等 與諸衆生 同體無異 如是修行

방입원각
方入圓覺

8 선남자 말세중생 부득성도 유유무시 자타증
善男子 末世衆生 不得成道 由有無始 自他憎

애 일체종자 고미해탈 약부유인 관피원가
愛 一切種子 故未解脫 若復有人 觀彼怨家

여기부모 심무유이 즉제제병 어제법중 자타
如己父母 心無有二 卽除諸病 於諸法中 自他

증애 역부여시
憎愛 亦復如是

9 선남자 말세중생 욕구원각 응당발심 작여시
善男子 末世衆生 欲求圓覺 應當發心 作如是

언 진어허공 일체중생 아개영입 구경원각
言 盡於虛空 一切衆生 我皆令入 究竟圓覺

어원각중 무취각자 제피아인 일체제상 여시
於圓覺中 無取覺者 除彼我人 一切諸相 如是

발심 불타사견
發心 不墮邪見

10 이시 세존 욕중선차의 이설게언
爾時 世尊 欲重宣此義 而說偈言

보각여당지 말세제중생
普覺汝當知 末世諸衆生

욕구선지식 응당구정각
欲求善知識 應當求正覺

심원이승자 법중제사병
心遠二乘者 法中除四病

위작지임멸 친근무교만
謂作止任滅 親近無驕慢

원리무진한 견종종경계
遠離無瞋恨 見種種境界

심당생희유 환여불출세
心當生希有 還如佛出世

불범비율의 계근영청정
不犯非律儀 戒根永淸淨

도일체중생 구경입원각
度一切衆生 究竟入圓覺

무피아인상 상의지지혜
無彼我人相 常依止智慧

변득초사견 증각반열반
便得超邪見 證覺般涅槃

원각보살장 제십일
圓覺菩薩章 第十一

어시 원각보살 재대중중 즉종좌기 정례불족 [1]
於是 圓覺菩薩 在大衆中 卽從座起 頂禮佛足

우요삼잡 장궤차수 이백불언
右繞三匝 長跪叉手 而白佛言

대비세존 위아등배 광설정각 종종방편 영말
大悲世尊 爲我等輩 廣說淨覺 種種方便 令末

세중생 유대증익
世衆生 有大增益

세존 아등금자 이득개오 약불멸후 말세중생 [2]
世尊 我等今者 已得開悟 若佛滅後 末世衆生

미득오자 운하안거 수차원각 청정경계 차원
未得悟者 云何安居 修此圓覺 淸淨境界 此圓

각중 삼종정관 이하위수 유원대비 위제대중
覺中 三種淨觀 以何爲首 唯願大悲 爲諸大衆

급말세중생 시대요익
及 末 世 衆 生　施 大 饒 益

작시어이 오체투지 여시삼청 종이부시
作 是 語 已　五 體 投 地　如 是 三 請　終 而 復 始

3　이시 세존 고원각보살언
　　爾 時　世 尊　告 圓 覺 菩 薩 言

선재선재 선남자 여등내능 문어여래 여시방
善 哉 善 哉　善 男 子　汝 等 乃 能　問 於 如 來　如 是 方

편 이대요익 시제중생 여금체청 당위여설
便　以 大 饒 益　施 諸 衆 生　汝 今 諦 聽　當 爲 汝 說

시 원각보살 봉교환희 급제대중 묵연이청
時　圓 覺 菩 薩　奉 敎 歡 喜　及 諸 大 衆　默 然 而 聽

4　선남자 일체중생 약불주세 약불멸후 약법말
　　善 男 子　一 切 衆 生　若 佛 住 世　若 佛 滅 後　若 法 末

시 유제중생 구대승성 신불비밀 대원각심
時　有 諸 衆 生　具 大 乘 性　信 佛 秘 密　大 圓 覺 心

욕수행자 약재가람 안처도중 유연사고 수분
欲 修 行 者　若 在 伽 藍　安 處 徒 衆　有 緣 事 故　隨 分

사찰 여아이설

思察 如我已說

약부무유 타사인연 즉건도량 당립기한 약립

若復無有 他事因緣 卽建道場 當立期限 若立

장기 백이십일 중기백일 하기팔십일 안치정

長期 百二十日 中期百日 下期八十日 安置淨

거

居

약불현재 당정사유 약불멸후 시설형상 심존 5

若佛現在 當正思惟 若佛滅後 施設形象 心存

목상 생정억념 환동여래 상주지일 현제번화

目想 生正憶念 還同如來 常住之日 懸諸幡華

경삼칠일 계수시방 제불명자 구애참회 우선

經三七日 稽首十方 諸佛名字 求哀懺悔 遇善

경계 득심경안 과삼칠일 일향섭념

境界 得心輕安 過三七日 一向攝念

약경하수 삼월안거 당위청정 보살지주 심리 6

若經夏首 三月安居 當爲淸淨 菩薩止住 心離

성문 불가도중 지안거일 즉어불전 작여시
聲聞 不假徒衆 至安居日 卽於佛前 作如是

언 아비구 비구니 우바새 우바이 모갑 거보
言 我比丘 比丘尼 優婆塞 優婆夷 某甲 踞菩

살승 수적멸행 동입청정 실상주지 이대원각
薩乘 修寂滅行 同入清淨 實相住持 以大圓覺

위아가람 신심안거 평등성지 열반자성 무계
爲我伽藍 身心安居 平等性智 涅槃自性 無繫

속고 금아경청 불의성문 당여시방여래 급대
屬故 今我敬請 不依聲聞 當與十方如來 及大

보살 삼월안거 위수보살 무상묘각 대인연고
菩薩 三月安居 爲修菩薩 無上妙覺 大因緣故

불계도중
不繫徒衆

7 선남자 차명보살 시현안거 과삼기일 수왕무
善男子 此名菩薩 示現安居 過三期日 隨往無

애 선남자 약피말세 수행중생 구보살도 입
礙 善男子 若彼末世 修行衆生 求菩薩道 入

삼기자 비피소문 일체경계 종불가취
三期者 非彼所聞 一切境界 終不可取

선남자 약제중생 수사마타 선취지정 불기사 8
善男子 若諸衆生 修奢摩他 先取至靜 不起思

념 정극변각 여시초정 종어일신 지일세계
念 靜極便覺 如是初靜 從於一身 至一世界

각역여시 선남자 약각편만 일세계자 일세계
覺亦如是 善男子 若覺遍滿 一世界者 一世界

중 유일중생 기일념자 개실능지 백천세계
中 有一衆生 起一念者 皆悉能知 百千世界

역부여시 비피소문 일체경계 종불가취
亦復如是 非彼所聞 一切境界 終不可取

선남자 약제중생 수삼마발제 선당억상 시방 9
善男子 若諸衆生 修三摩鉢提 先當憶想 十方

여래 시방세계 일체보살 의종종문 점차수행
如來 十方世界 一切菩薩 依種種門 漸次修行

근고삼매 광발대원 자훈성종 비피소문 일체
勤苦三昧 廣發大願 自熏成種 非彼所聞 一切

경계 종불가취
境界 終不可取

10 선남자 약제중생 수어선나 선취수문 심중료
善男子 若諸衆生 修於禪那 先取數門 心中了

지 생주멸념 분제두수 여시주변 사위의중
知 生住滅念 分齊頭數 如是周遍 四威儀中

분별념수 무불료지 점차증진 내지득지 백천
分別念數 無不了知 漸次增進 乃至得知 百千

세계 일적지우 유여목도 소수용물 비피소문
世界 一滴之雨 猶如目覩 所受用物 非彼所聞

일체경계 종불가취
一切境界 終不可取

11 시명삼관 초수방편 약제중생 편수삼종 근행
是名三觀 初首方便 若諸衆生 遍修三種 勤行

정진 즉명여래 출현우세
精進 即名如來 出現于世

12 약후말세 둔근중생 심욕구도 부득성취 유석
若後末世 鈍根衆生 心欲求道 不得成取 由昔

업장 당근참회 상기희망 선단증애 질투첨곡
業障 當勤懺悔 常起希望 先斷憎愛 嫉妬諂曲

구승상심 삼종정관 수학일사 차관부득 부습
求勝上心 三種淨觀 隨學一事 此觀不得 復習

피관 심불방사 점차구증
彼觀 心不放捨 漸次求證

이시 세존 욕중선차의 이설게언
爾時 世尊 欲重宣此義 而說偈言

원각여당지 일체제중생
圓覺汝當知 一切諸衆生

욕구무상도 선당결삼기
欲求無上道 先當結三期

참회무시업 경어삼칠일
懺悔無始業 經於三七日

연후정사유 비피소문경
然後正思惟 非彼所聞境

필경불가취 사마타지정
畢竟不可取 奢摩他至靜

삼마정억지 선나명수문
三摩正憶持 禪邪明數門

시명삼정관 약능근수습
是 名 三 淨 觀　若 能 勤 修 習

시명불출세 둔근미성자
是 名 佛 出 世　鈍 根 未 成 者

상당근심참 무시일체죄
常 當 勤 心 懺　無 始 一 切 罪

제장약소멸 불경변현전
諸 障 若 銷 滅　佛 境 便 現 前

현선수보살장 제십이
賢善首菩薩章 第十二

어시 현선수보살 재대중중 즉종좌기 정례불 [1]
於是 賢善首菩薩 在大衆中 卽從座起 頂禮佛

족 우요삼잡 장궤차수 이백불언
足 右繞三匝 長跪叉手 而百佛言

대비세존 광위아등 급말세중생 개오여시 부
大悲世尊 廣爲我等 及末世衆生 開悟如是 不

사의사 세존 차대승교 명자하등 운하봉지
思議事 世尊 此大乘敎 名字何等 云何奉持

중생수습 득하공덕 운하사아 호지경인 유포
衆生修習 得何功德 云何使我 護持經人 流布

차교 지어하지
此敎 至於何地

작시어이 오체투지 여시삼청 종이부시
作是語已 五體投地 如是三請 終而復始

2 이시 세존 고현선수보살언
爾時 世尊 告賢善首菩薩言

선재선재 선남자 여등내능 위제보살 급말세
善哉善哉 善男子 汝等乃能 爲諸菩薩 及末世

중생 문어여래 여시경교 공덕명자 여금체청
衆生 問於如來 如是經教 功德名字 汝今諦聽

당위여설
當爲汝說

시 현선수보살 봉교환희 급제대중 묵연이청
時 賢善首菩薩 奉教歡喜 及諸大衆 默然而聽

3 선남자 시경 백천만억항하사 제불소설 삼세
善男子 是經 百千萬億恒河沙 諸佛所說 三世

여래 지소수호 시방보살 지소귀의 십이부경
如來 之所守護 十方菩薩 之所歸依 十二部經

청정안목
清淨眼目

4 시경 명대방광원각다라니 역명수다라요의
是經 名大方廣圓覺陀羅尼 亦名修多羅了義

역명비밀왕삼매 역명여래결정경계 역명여
亦 名 秘 密 王 三 昧　 亦 名 如 來 決 定 境 界　 亦 名 如

래장자성차별 여당봉지
來 藏 自 性 差 別　 汝 當 奉 持

선남자 시경유현 여래경계 유불여래 능진선 5
善 男 子　 是 經 唯 顯　 如 來 境 界　 唯 佛 如 來　 能 盡 宣

설 약제보살 급말세중생 의차수행 점차증진
說　 若 諸 菩 薩　 及 末 世 衆 生　 依 此 修 行　 漸 次 增 進

지어불지
至 於 佛 地

선남자 시경명위 돈교대승 돈기중생 종차개 6
善 男 子　 是 經 名 爲　 頓 敎 大 乘　 頓 機 衆 生　 從 此 開

오 역섭점수 일체군품 비여대해 불양소류
悟　 亦 攝 漸 修　 一 切 群 品　 譬 如 大 海　 不 讓 小 流

내지문맹 급아수라 음기수자 개득충만
乃 至 蚊 蝱　 及 阿 修 羅　 飮 其 水 者　 皆 得 充 滿

7 선남자 가사유인 순이칠보 적만삼천대천세
善男子 假使有人 純以七寶 積滿三千大千世

계 이용보시 불여유인 문차경명 급일구의
界 以用布施 不如有人 聞此經名 及一句義

8 선남자 가사유인 교백천항하사중생 득아라
善男子 假使有人 教百千恒河沙衆生 得阿羅

한과 불여유인 선설차경 분별반게
漢果 不如有人 宣說此經 分別半偈

9 선남자 약부유인 문차경명 신심불혹 당지시
善男子 若復有人 聞此經名 信心不惑 當知是

인 비어일불이불 종제복혜 여시내지 진항하
人 非於一佛二佛 種諸福慧 如是乃至 盡恒河

사 일체불소 종제선근 문차경교
沙 一切佛所 種諸善根 聞此經教

10 여선남자 당호말세 시수행자 무령악마 급제
汝善男子 當護末世 是修行者 無令惡魔 及諸

외도 뇌기신심 영생퇴굴
外道 惱其身心 令生退屈

이시 세존 욕중선차의 이설게언
爾時 世尊 欲重宣此義 而說偈言

현선수당지　시경제불설
賢善首當知　是經諸佛說

여래선호지　십이부안목
如來善護持　十二部眼目

명위대방광　원각다라니
名爲大方慶　圓覺陀羅尼

현여래경계　의차수행자
現如來境界　依此修行者

증진지불지　여해납백천
增進至佛地　如海納百川

음자개충만　가사시칠보
飮者皆充滿　假使施七寶

적만삼천계　불여문차경
積滿三千界　不如聞此經

약항하사중 개득아라한
若 恒 河 沙 衆　皆 得 阿 羅 漢

불여선반게 여등어내세
不 如 宣 半 偈　汝 等 於 來 世

호시선지자 무령생퇴굴
護 是 宣 持 者　無 令 生 退 屈

12 이시 회중 유화수금강 최쇄금강 니람바금강
爾 時　會 中　有 火 首 金 剛　摧 碎 金 剛　尼 藍 婆 金 剛

등 팔만금강 병기권속 즉종좌기 정례불족
等　八 萬 金 剛　幷 其 眷 屬　卽 從 座 起　頂 禮 佛 足

이백불언
而 白 佛 言

세존 약후말세 일체중생 유능지차 결정대승
世 尊　若 後 末 世　一 切 衆 生　有 能 持 此　決 定 大 乘

아당수호 여호안목 내지도량 소수행처 아등
我 當 守 護　如 護 眼 目　乃 至 道 場　所 修 行 處　我 等

금강 자령도중 신석수호 영불퇴전 기가내지
金 剛　自 領 徒 衆　晨 夕 守 護　令 不 退 轉　其 家 乃 至

영무재장 역병소멸 재보풍족 상불핍소
永無災障 疫病銷滅 財寶豐足 常不乏少

이시 대범천왕 이십팔천왕 병수미산왕 호국 13
爾時 大梵天王 二十八天王 幷須彌山王 護國

천왕등 즉종좌기 정례불족 우요삼잡 이백불
天王等 卽從座起 頂禮佛足 右繞三匝 而白佛

언 세존 아역수호 시지경자 상령안은 심불
言 世尊 我亦守護 是持經者 常令安隱 心不

퇴전
退轉

이시 유대력귀왕 명길반다 여십만귀왕 즉종 14
爾時 有大力鬼王 名吉槃茶 與十萬鬼王 卽從

좌기 정례불족 우요삼잡 이백불언
座起 頂禮佛足 右繞三匝 而白佛言

세존 아역수호 시지경인 조석시위 영불퇴굴
世尊 我亦守護 是持經人 朝夕侍衛 令不退屈

기인소거 일유순내 약유귀신 침기경계 아당
其人所居 一由旬內 若有鬼神 侵其境界 我當

사기 쇄여미진
使其 碎如微塵

15 불설차경이 일체보살 천룡귀신 팔부권속 급
佛 說 此 經 已 一切 菩薩 天 龍 鬼 神 八 部 眷 屬 及

제천왕 범왕등 일체대중 문불소설 개대환희
諸 天 王 梵 王 等 一 切 大 衆 聞 佛 所 說 皆 大 歡 喜

신수봉행
信 受 奉 行

끝

천명일 해설

경북 문경에서 태어나 산성할아버지로 우리에게 잘 알려진 설원 선생은 한학자로, 불교경전 연구가로, 또 고대전통 침구학자로 많은 활동을 하고 있으며, 현재 부산 설원에서 강의하고 있다.

최근 T-broad 케이블 TV에서 『산성 할아버지의 신사고 한문이야기』의 방송 강연을 통해 한문을 보는 새로운 지견을 제시하였고, 월드이벤트와 새로넷, 하우교육방송 등에서 민속이야기, 노자의 길, 사람의 길 등을 방영하였다.

저서로 『보통사람』, 『空無虛』, 『智見』, 『大方廣佛圓覺經』, 『南無』, 『鍼灸學基初』, 『神鍼入門』, 『천수경』, 『이야기 천자문』, 『절로 가는 길』, 『배꼽밑에 지혜의 등불을 밝혀라』, 『수능엄경』, 『백문백답』, 『가지산 이야기』, 『마음이나 알자』, 『무량의경』 등이 있다.

연락처 : 부산說園 010-4857-5275
유튜브 : 설원 천명일

대방광원각수다라요의경 大方廣圓覺修多羅了義經

초판 1쇄 발행 2018년 12월 9일
초판 2쇄 발행 2025년 5월 5일

해설 | 천명일
펴낸이 | 이의성

펴낸곳 | 지혜의나무
등록번호 | 제1-2492호
주소 | 서울시 종로구 관훈동 198-16 남도빌딩 3층
전화 | (02)730-2211 팩스 | (02)730-2210
ⓒ천명일

ISBN 979-11-85062-28-0 03220

* 잘못된 책은 바꾸어 드립니다.